Conocimiento ilimitado

Mohamed Boclet

CONOCIMIENTO ILIMITADO

Potencia tu inteligencia, practica la lectura rápida y memoriza lo imposible

ESPASA

Obra editada en colaboración con Editorial Planeta – España

Título original: *Connaissance illimitée. Découvrir ses intelligences, déjouer l'autosabotage, pratiquer la lecture rapide et mémoriser l'impossible en s'amusant: hackez votre cerveau!*

Traducción: © Amaya Bozal, 2024
Diseño de portada: Planeta Arte & Diseño
Ilustración de la portada: Planeta Arte & Diseño
Fotografía del autor (solapa): © Mohamed Boclet

Bajo el sello editorial ESPASA M.R.
Avenida Presidente Masarik núm. 111,
Piso 2, Polanco V Sección, Miguel Hidalgo
C.P. 11560, Ciudad de México
www.planetadelibros.com.mx

Primera edición impresa en España: febrero de 2024
ISBN: 978-84-670-7202-0

Primera edición en formato epub en México: junio de 2024
ISBN: 978-607-39-1499-4

Primera edición impresa en México: junio de 2024
ISBN: 978-607-39-1448-2

Impreso en los talleres de Impregráfica Digital, S.A. de C.V.
Av. Coyoacán 100-D, Valle Norte, Benito Juárez
Ciudad De Mexico, C.P. 03103
Impreso en México - *Printed in Mexico*

El miedo ha matado más sueños
que el fracaso.

A mis hijos.
A Mathilde.
A mis padres.

ÍNDICE

PRÓLOGO. Cómo pasé de ser el último de la clase a subcampeón del mundo de lectura rápida 15
La escuela no es para mí 16
La señorita F. 17
El año en que cumplí doce años 18
«Nunca será ingeniero, señor Boclet» 20
Volver a empezar 21
Nuevo récord 23
El nacimiento de «Conocimiento Ilimitado» 25
Los campeonatos del mundo 26

ANTES DE EMPEZAR. Tu potencial no tiene límites 29

1. El poder del conocimiento 33
¡Reconcíliate con la idea de «conocimiento»! 34
Aprender, sí, ¿pero qué? 34
7 consejos para identificar tus temas de aprendizaje 36
Las 11 virtudes del conocimiento 37
Volver a conectar con el deseo de aprender 45
Las 4 etapas del ciclo del aprendizaje 48
Un paso cada día para alcanzar la competencia inconsciente 51
Aprendizaje activo con la pirámide de Dale 52

2. Desaprende tus límites 55
La impotencia no existe 56
Las creencias limitantes, nuestro principal enemigo 57
La impotencia aprendida 57
El efecto Pigmalión 59
Alimentamos nuestras creencias 60
Las profecías autocumplidas… y autodestructivas 62
Los 3 roles de nuestras creencias 62
Supera tus creencias limitantes para ampliar tus conocimientos 64
Cómo deconstruir una creencia limitante en 5 pasos 64
¿Qué pasa con las creencias de apoyo? 66
Detecta a tu saboteador interno 66
Cómo librarte de su saboteador interno en 5 pasos 67
Los sesgos cognitivos que nos bloquean 68
Eres ilimitado 73

3. El cerebro y el proceso de aprendizaje 75
Tu cerebro puede hacerlo 75
Tu cerebro necesita aprender 76
La importancia del sueño en el aprendizaje 77
El estado alfa y los tres cuerpos 79
Cómo aprender mejor: las 7 leyes del cerebro 83
¿Qué tipos de inteligencia tienes? 88
3 buenas razones para identificar tus tipos de inteligencia 96
¿Necesitamos los 9 tipos de inteligencia para aprender? 96
Los 3 estilos de aprendizaje, ¿tres formas de ser? 97
¿Cómo utilizar mi estilo de aprendizaje y mis tipos de inteligencia? 98
6 ideas para estimular tu cerebro 99

4. La gestión del tiempo 103
Piensa en el placer diferido 104
Los 5 tipos de tiempo 105
Acabar con el tiempo perdido 107

Define tu objetivo ... 108
6 reflejos para ser eficiente y ganar tiempo ... 111
El ritmo circadiano, o el momento adecuado para usar tu cerebro ... 117
Las «mañanas milagrosas», un apoyo para la gestión del tiempo ... 119
Hacia el tiempo ilimitado: 5 leyes para hackear el tiempo .. 122

5. Concentración óptima ... 127
El estado de flujo, el río de la concentración ... 128
Prioridad del método Pomodoro ... 129
2 ejercicios clave para alcanzar el estado de preflujo, o «estado de recursos» ... 133
Crear rituales de trabajo ... 135
Trabajar en el entorno apropiado ... 136
Escuchar «ruido blanco» ... 136
Mantener la concentración a toda costa ... 137
2 ejercicios para ejercitar y fortalecer tu concentración a diario ... 142

6. Las mejores técnicas de memorización ... 147
Los 5 tipos de memoria ... 148
Intención y codificación: los dos principios fundamentales de la memorización ... 152
Hacia el largo plazo: asociación e imaginación, las dos llaves de la memoria ... 153
La creación de historias o el arte de «vestir» la información para retenerla mejor ... 155
3 ingredientes para dar fuerza a tus historias ... 158
La espacialización y el palacio de la memoria ... 160
Hacia una memoria ilimitada: la repetición espaciada .. 162
No perturbes tu memoria ... 166

7. Los mapas mentales. Fundamentos ... 169
Las 3 virtudes de los mapas mentales ... 170
Las 7 reglas de los mapas mentales. Lo que necesitas saber para empezar ... 172

¿Para qué sirven exactamente los mapas mentales? 177
Zoom sobre las ramas vacías 179
Una herramienta para todos 180
Una poderosa herramienta de apoyo para la memorización 181

8. Practicar la lectura rápida 185
¿Qué es leer rápido? 185
Reconcíliate con la lectura 191
Tiempo, comprensión y concentración: los 3 pilares de la lectura rápida 192
Las 7 técnicas para leer rápido 198
Mis métodos de entrenamiento en lectura rápida 210

CONCLUSIÓN. ¡Eres ilimitado! 213

La aventura continúa… 215

Agradecimientos 217

Prólogo

CÓMO PASÉ DE SER EL ÚLTIMO DE LA CLASE A SUBCAMPEÓN DEL MUNDO DE LECTURA RÁPIDA

Durante mucho tiempo pensé que era estúpido. No me da miedo pronunciar esta palabra. Es una certeza que está arraigada en mí desde la infancia y que me ha perseguido hasta la edad adulta.

Mi madre era ama de casa y mi padre albañil. Él emigró a Francia en la década de 1970, en un momento en que ese país demandaba mano de obra. Dejó el Magreb para ganarse el pan de cada día y, gracias a su esfuerzo, pudo mantener a la familia. Desde Francia enviaba regularmente dinero a mi madre, pero solo podían verse unos días al año.

Finalmente, en 1986, mi madre y mis hermanas consiguieron reunirse con él en Francia. Dos años más tarde nací yo, en Saint-Ouen, cerca de París. Soy el único varón y el último de siete hijos. Para mis padres, Francia siempre ha representado la oportunidad de mejorar sus condiciones de vida, de ofrecer a sus hijos la posibilidad de progresar. Aunque tanto mi padre como mi madre eran analfabetos y nunca pudieron a ayudarnos con nuestras tareas, lo único que les preocupaba era que fuéramos bien en la escuela.

Sin embargo, mis primeros pasos en la escuela fueron un desastre. No hace falta decir que vivíamos en una zona socialmente desfavorecida, donde la excelencia no existía. Pertenecíamos una zona de educación prioritaria.[1]

Desde muy pequeño me convencí de que no estaba hecho para estudiar. Iba retrasado en todo: escritura, lectura, cálculo… Recursé y pasaba las tardes de los miércoles con un logopeda, aprendiendo a articular. Poco a poco me iba poniendo al día, pero seguía sin ser suficiente: simplemente no podía hacerlo mejor, no podía ir más rápido. Necesariamente tenía que ir a mi propio ritmo, que obviamente no era el correcto.

Recuerdo a los maestros hartos de mí, me sentía absolutamente estúpido, las exposiciones en público me ponían mal. De espaldas al pizarrón, frente a toda la clase, era objeto de burlas, se me formaba un nudo en el estómago y me daban ganas de escapar de allí. Me sentía diferente, creía que valía menos que la mayoría de mis compañeros, la confianza en mí mismo estaba hecha añicos. Solo tenía seis años.

La escuela no es para mí

Un día, el director de la escuela primaria convocó a mis padres a una reunión. Me imaginaba una cita rutinaria para darles un informe de mis dificultades, pero me equivoqué: apenas entré en la oficina del director, noté su mirada turbia. Me dijo que me quedara afuera, pues tenía algo importante que decirles a mis padres. La sentencia cayó como agua fría: debía abandonar mi clase normal e ir a la clase adaptada para estudiantes con dificultades escolares, que me serviría de orientación; era por mi bien y por el de todos mis compañeros. Ellos decidían por mí. ¿De verdad era tan diferente a los otros niños? ¿Qué hacía mal para no merecer mi

[1] Las zonas de educación prioritaria (ZEP) se crearon en Francia en 1982, tras la llegada al poder de la coalición de izquierdas. Buscaban paliar, con medidas de discriminación positiva, los déficits educativos que se advertían en lugares concretos, como los suburbios de las grandes ciudades, que podían convertirse en focos de exclusión social. (*N. de la T.*).

lugar en la escuela y no poder seguir con la educación normal? Mis esfuerzos habían sido invisibles, pero mis padres rechazaron la propuesta del director porque, lamentablemente, aquella clase tenía mala reputación. En realidad, temían por mí.

No fui a aquella clase. Me obstiné en permanecer en el sistema general, pero todos siguieron prediciendo mi fracaso. Por tanto, yo también esperaba fracasar. En cualquier caso, tenía muy claro que la escuela no era un lugar para mí, que yo no encajaba allí. Pero, ¿de dónde sacar fuerzas para intentar aprender, para progresar ante unos maestros que no creían en mí, cuando ellos lo representaban todo, la inteligencia y el éxito? Me sentía pequeño y condenado al fracaso. Pertenecía al escuadrón de los torpes, los que «no están hechos para la escuela». Además, no tenía ningún sueño, ninguna ilusión. No me lo podía permitir.

Crecí con esa idea. A veces podía percibir la tristeza en el rostro de mis padres, un sentimiento de impotencia. Me animaban a centrarme en mis estudios; no sabían qué más hacer, porque ya lo habían hecho todo. Para ellos, que son analfabetos, yo significaba una esperanza: la de vivir y crecer en Francia, poder tener una vida mejor, moderna, con acceso a la cultura. A pesar de mi corta edad lo entendía muy bien. Quería que mis padres me miraran con orgullo, triunfar y ofrecerles ese éxito, no quería que pensaran que su emigración fue en vano. Pero pasaban los años y no podía demostrarles que estaban equivocados. No conseguía cambiar, ni mejorar. Actuaba conforme a la etiqueta que me habían colocado.

La señorita F.

En quinto de primaria tuve una profesora atípica, la señorita F. Era bajita, rubia y llevaba unos lentes que le daban un aire severo. No sé si podemos llamarlo destino, pero la señorita F. vivía cerca de mi casa. Enseguida se sintió elegida para una misión: la de conseguir que alcanzara el nivel de los mejores y obtuviera unos resultados académicos que nadie esperaba. Si me veía jugando en la calle con otros niños del barrio me ordenaba que me fuera a casa, añadiendo una norma más a las impuestas por mis padres: el toque de queda a las siete de la tarde. A diferencia de los maestros anteriores, ella me prestaba atención e interés, yo no le era indiferente. ¡Así que me puse a trabajar y descubrí que incluso me gustaba! La señorita F. no dudaba en premiar mis esfuerzos y ponerme excelentes calificaciones, a pesar de mis faltas de ortografía. Me demostró que yo tenía habilidades, las mismas que cualquier otro estudiante.

Un día, para mi sorpresa —y más para la suya, lo recuerdo muy bien—, decidí memorizar la poesía que nos había repartido el día anterior en unas fotocopias. Entonces, algo increíble sucedió en clase: fui el único que levantó la mano cuando la señorita F. pidió un voluntario para subir al estrado y recitar el poema. Sin embargo, tímido y asustado como era, más que recitarlo, a duras penas conseguí balbucearlo. Pero, de pronto, deseé con todas mis fuerzas poder hacerlo, por ella, por mí, por mis padres. Creo que ese poema marcó el comienzo de mi transformación. Me convertí en un estudiante serio, y orgulloso de serlo. ¡Gracias, señorita F.!

El año en que cumplí doce años

Ya en la secundaria, muchos de mis amigos del barrio empezaron a verse tentados por la delincuencia: robos de bolsas, absentismo escolar, agresiones, estafas, violencia. Seguía teniendo contacto con ellos, pero procuraba no caer en la misma trampa.

Lo que me seguía uniendo a mis amigos del barrio era un sueño. Porque por fin tenía un sueño, y muchos de nosotros lo compartíamos: convertirnos en estrellas del futbol. Nos encantaba jugar con el balón. No me olvidaba de la escuela, pero me encantaba estar al aire libre y correr. Sin embargo, una duda me atormentaba: ¿hacia dónde corría exactamente? Sabía que mi sueño solo era un juego y pensaba qué iba a hacer después. Me faltaban referencias. No tenía a nadie con quien hablar sobre ello. ¿A quién debía dirigirme? En el fondo, ¿cómo sabemos qué es lo que nos gusta? Pero en aquel momento dejé esas preguntas en suspenso, probablemente porque eran prematuras y ya cargaba con demasiado peso como para poder soportarlas.

Entonces, de repente, un acontecimiento puso mi vida patas arriba. Tenía doce años y tuvieron que hospitalizarme durante tres semanas. Los síntomas eran inequívocos: una sed intensa, que me daba la impresión de estar cruzando permanentemente un desierto; fatiga cada vez mayor y somnolencia constante; una palidez visible a kilómetros... El diagnóstico era evidente: diabetes. ¡Terrible golpe! Tuve que volver a aprender a comer, acostumbrarme a las inyecciones, anticiparme a los síntomas y entender cómo corregir la hipoglucemia. Salí del hospital con miedo a no ser capaz de superarlo. Manejar una enfermedad así, tan joven, es dramático. Al principio, toda lo que aquello implicaba en cuanto a organización, nuevas rutinas, me desestabilizó. Ya no reconocía mi vida.

Todo cambió. Además, este acontecimiento me alejó definitivamente de los chicos del barrio: tuve que quedarme en casa y aprender a vivir con nuevas limitaciones. Pero, en esta prueba encontré una manera de afirmar mi sentido de la responsabilidad, pues pasaba más tiempo estudiando. Unos años más tarde conseguí graduarme. Estaba encantado, pero, paradójicamente, todavía no sabía qué hacer con mi vida, y esa inestabilidad no me hacía nada feliz. Resultaba casi doloroso. Era consciente de que el bachillerato no es el desenlace, que solo era una etapa más entre muchas otras. Finalmente elegí seguir el camino de mi hermana, que entonces comenzaba su segundo año de Medicina, sobre todo porque mi enfermedad me había hecho tomar conciencia del valor de la salud. El éxito y la motivación de mi hermana mayor me inspiraban. Me inscribí en la facultad, listo para entrar en batalla. Desde los primeros días conseguí mantener el ritmo, había que aguantar, pero tanto trabajo me irritaba y estresaba. El ambiente era pesado; los estudiantes, retraídos. En las bancas del salón éramos cientos y, sin embargo, cada uno llevaba su lucha particular, en solitario. La presión prohibía la empatía, cada uno luchaba por sí mismo y había que conseguir llegar hasta el final a toda costa. En ese momento, constantemente pensaba en el niño que una vez fui, sin saber si todavía se encontraba durmiendo en mi interior. ¿Terminaría rindiéndome o conseguiría memorizar el poema? Al final, sucedieron ambas cosas: dejé la universidad, no porque no fuera capaz de soportarlo, sino porque no estaba hecha para mí. No sabía lo que quería hacer, pero sí lo que no quería hacer.

Entonces comenzó un periodo en el que me dediqué a deambular, hacía trabajos ocasionales y de ese modo darme tiempo para pensar. Trabajaba de día, a veces de noche, esperando una iluminación. Pero, nada. Pasó un año. Probablemente necesitaba madurar.

«Nunca será ingeniero, señor Boclet»

Un día, un amigo me habló de una carrera en Ingeniería Eléctrica e Informática Industrial, con muchas salidas de trabajo en la industria aeronáutica y manufacturera, entre otras. No lo pensé demasiado. Lo que me atraía de aquella posibilidad era la brevedad de los estudios. No tenía grandes ambiciones, creo que me sentía incapaz de soportar plazos largos.

Elegir el camino más corto y menos complicado era mejor para mí. Puse toda mi energía en ello y terminé siendo el mejor de mi generación. La ausencia de vida social no me molestaba, ya lo había experimentado antes. Sentía que me estaba descubriendo a mí mismo por primera vez y finalmente entendí qué es lo que me había estado frenando y casi me destruye: la sensación constante de no estar hecho para el sistema escolar ni para el éxito.

Fue entonces cuando decidí no volver a cerrarme las puertas nunca más y pensé en entrar en una escuela de Ingeniería en París. El primer año que alterné trabajo y estudios me fue bien, tanto en una cosa como en otra. Sin embargo, en un momento cambié de tutor y el nuevo que me asignaron, cuyo objetivo debía ser transmitirme su experiencia y guiarme, solo me ofreció su desprecio. Un día me dijo: «Usted nunca será ingeniero, señor Boclet». Le creí, sin pensar si sus palabras estaban justificadas o no. Una persona que está jerárquicamente por encima de mí sabe bien lo que está diciendo, así que acepté su juicio, convencido de que tenía razón. «Resignación adquirida» o «indefensión aprendida», se podría llamar. Es un concepto fácil de entender: cuando aprendimos lo que es la impotencia, cuando nos han dicho que no somos aptos, creemos en ello firmemente, se queda grabado en nosotros a fuego.

Volver a empezar

Aguanté, a pesar del maltrato de mi tutor. Puede que no estuviera destinado a hacer grandes cosas, pero al menos tenía que terminar lo que había empezado. Me licencié como ingeniero y me contrató una gran empresa energética. Pero, para mi sorpresa, la responsable me brindó toda su confianza, incluyéndome en proyectos importantes en los que había en juego varios millones de euros. Estos objetivos me animaron a sobrepasar mis propios límites. Me rescataron de la indefensión aprendida. Me salvaron.

Después de cuatro años conseguí un ascenso; mi esposa Mathilde y yo nos fuimos a vivir a Montpellier. Este cambio en nuestra vida cotidiana coincidió además con el nacimiento de nuestro primer hijo. Conseguimos establecer una nueva rutina de trabajo en una ciudad donde no conocíamos a nadie. Asumimos el reto de cambiar el ritmo de vida y seguir adelante, ansiosos por ver qué nos depararía la existencia. Paralelamente, esperaba abrirme a nuevas pasiones, atreverme a hacer cosas nuevas, fuera de mi vida profesional. Me refiero al teatro, algo que ya había hecho antes. Pero, tras varios intentos, no conseguía ser feliz.

Entonces, una noche, Mathilde me habló de un taller de lectura rápida que había visto en Instagram, organizado por varios residentes de Montpellier. Enseguida me animó a apuntarme.

Por lo que ella había visto en redes sociales, estaba segura de que yo tenía muchos valores en común con los demás participantes. Trasmitían cierta energía que le sugería que ahí podía estar mi lugar. Pero me negué, ni siquiera sabía qué era la lectura rápida. Debo confesar también que los libros no me interesaban en absoluto y que jamás había abierto uno. Finalmente Mathilde me apuntó, siempre tan segura de sí misma. En ese momento yo tenía treinta años y cada vez que hojeaba una revista o leía un artículo de periódico, cosa que hacía de vez en cuando, necesitaba volver a leer el contenido una docena de veces para poder comprenderlo. La insistencia de mi esposa me sorprendió, así que hice el esfuerzo de ir. Por ella.

¡Qué angustia pasé durante el trayecto! Además, ya sabía lo que me esperaba: el ambiente formal de un club de lectura donde unos cuantos intelectualoides se escuchaban hablar a sí mismos mientras degustaban una copa de vino. Estaba paralizado de miedo, pero de algo sí que estaba seguro: está bien, pasaría por ello una vez, pero no pensaba volver. Sin embargo, me sorprendió encontrarme con un grupo de gente relativamente joven, de entre veinte y cuarenta años. Nada que ver con lo que había imaginado. Los perfiles eran variados: había emprendedores, estudiantes, empleados... Todos estaban allí para conseguir leer más rápido, pero también para retener mejor lo que leían y aumentar sus conocimientos. Gracias a esta técnica, tomaban conciencia de su fortaleza y de su talento, asumían nuevos retos, lograban nuevas metas. ¡Qué maravilla! ¿Cómo no lo había descubierto antes? Estaba prácticamente fascinado. Aquello superaba las expectativas de Mathilde, estaba estupefacta al verme tan emocionado. Desde la primera sesión, la lectura rápida me ofreció una sensación de dominio total. Me enamoré del conocimiento. Es, sin duda, el instrumento ideal para superarse a uno mismo. Quería pasar días enteros en las bibliotecas, recorrer sus estanterías, descubrir nuevos libros, charlar con los bibliotecarios. De repente, me encantaban los libros y, como por un misterioso contagio, mi apetito se extendió hacia la música, el cine, pero también al placer de charlar con otros entusiastas como yo.

Lo que me estaba pasando era que sentía la seducción de la aventura. Podría haberlo ignorado, reírme de mí mismo, quedarme en mi mundo cotidiano. Pero elegí entrar en este universo desconocido. No era fácil, había un largo camino por recorrer. Tenía que entrenar, superar obstáculos y, por supuesto, luchar contra las creencias limitantes que yo mismo había formado sobre mí. Pero, poco a poco, lo fui logrando, sobre todo porque mi progreso era notable. Ahora, lo que quiero es hacer el mejor uso posible de mis capacidades intelectuales, trascender mis límites y vengar mi pasado.

Nuevo récord

Por aquel entonces lo único que pensaba en cuanto me despertaba era: «¿Cómo no lo descubrí antes?». También empezaba a liberarme de las afirmaciones dañinas y de las frases demoledoras que me habían atormentado durante años: «Mohamed, nunca lograrás nada», «Mohamed, ¿por qué lo intentas, si sabes que vas a fracasar?». Leía y aprendía, aprendía y leía. Descubrí que es posible leer un libro de doscientas páginas en una hora y «hackear» tu cerebro para avanzar por la senda del conocimiento ilimitado. Porque lo que más me fascinaba de la lectura rápida era, sobre todo, las puertas que abría ante mí: entender el funcionamiento del cerebro y adquirir conocimiento.

Por fin conseguía profundizar. Me iba familiarizando con los principios de la lectura intensiva y descubría, a través de los miembros del taller y de mi práctica aún incipiente, cómo aumentaba la confianza en mí mismo y mi empatía, cómo mejoraba en la toma de decisiones y crecía mi satisfacción en general. La lectura, en definitiva, es el secreto compartido por todas las personas que han logrado su propia transformación. Cuanto más leemos, más aprendemos y, cuanto más aprendemos, mejor entendemos el mundo y el significado de nuestra vida. La lectura rápida abre todo un océano de posibilidades.

En nuestro grupo de lectura rápida de Montpellier queríamos formarnos con los mejores. ¿Por qué no invitar a los campeones franceses en esta disciplina? Así que pusimos dinero de nuestro propio bolsillo. Nunca había hecho antes algo así: pagar para aprender. Tenía mis dudas, pero finalmente me decidí. Me gustaba el futuro que se abría ante mis ojos y, en el fondo, ¡estaba deseando conocer a los campeones!

Organizamos la reunión y aproveché bien las enseñanzas de aquellos expertos. Inmediatamente ponía en práctica todo lo que iba aprendiendo. No es suficiente solo con entrenar, es necesario actuar. Así fue como descubrí los mapas mentales, un método para tomar notas en forma de diagrama mental. Aunque no está relacionado con la lectura rápida, es un método que se popularizó gracias a Tony Buzan, un psicólogo británico reconocido por su trabajo sobre el aprendizaje, la memoria y el cerebro. Por lo general, las personas que adquieren el hábito de la lectura rápida suelen interesarse en los mapas mentales, aunque se trata de dos disciplinas que pueden practicarse de forma independiente la una de la otra. Como se complementan tan bien, durante el verano siguiente me dediqué a practicar todos los días. Esta nueva actividad apoyaba mi progreso en lectura rápida, entrenando mi cerebro para comprender, memorizar y analizar. Me sumergí con total pasión en nuevos conocimientos.

En octubre de 2019 participé en los campeonatos de Francia de lectura rápida junto a dos compañeros del taller. Lo vivimos con mucho estrés. Durante la competencia mi cuerpo temblaba, pero mi mente estaba firmemente anclada en el momento presente. Me mantuve concentrado. Terminé en la posición treinta entre unos ciento cincuenta participantes. Fue mi primer logro.

Tras esta experiencia me di cuenta de la importancia de un entrenamiento constante si quería obtener rendimientos reales. Establecí una disciplina de trabajo y concluí que, para subir en la clasificación, todavía necesitaba aumentar más mi memoria, trabajar en la concentración, optimizar el razonamiento. Tenía que estimular mi cerebro para ir más allá. Me enfrentaba a la extraordinaria oportunidad de superarme y posicionarme a nivel mundial, convirtiéndome en toda una referencia.

Todo lo que descubría en ese momento de mi vida me fascinaba, me deslumbraba. Entonces, una idea me iluminó: ¿y si compartía mis descubrimientos? ¿Por qué guardarme para mí lo que me hacía feliz y me sanaba? Quería democratizar la lectura rápida. Quería que el mundo entero descubriera esta disciplina y que todos pudieran mostrar de lo que son capaces. Usamos nuestros cerebros como si fuera una carreta tirada por caballos, pero nuestro cerebro es un Ferrari. Definitivamente, tenía que transmitir este mensaje.

El nacimiento de «Conocimiento Ilimitado»

No me sentía predestinado para este papel de mentor, ni por mis antecedentes, ni por mi familia o mi formación inicial y mucho menos por mi experiencia como lector… Pero, precisamente, era eso en lo que muchos se podrían reconocer. Sentía que podía inspirar a la gente, que tenía un papel que desempeñar.

Mi idea era dedicarme a impartir cursos particulares, pues todavía no me atrevía a enfrentarme a un público. Siempre persistía en mí el miedo a no tener éxito, de no estar a la altura. Entonces pensé en hacerme *coach* y, al mismo tiempo, decidí trabajar mis habilidades para hablar en público, con las que no me sentía cómodo. Por aquel entonces algunos amigos estaban intentando fundar una escuela primaria trilingüe cerca de casa; necesitaban fondos y sugirieron que llevara a cabo un curso de lectura rápida a particulares. Los fondos recaudados permitirían fundar la escuela, era una oportunidad para comenzar como cualquier otra. Puse manos a la obra y, durante las tres semanas que quedaban para el curso, trabajé todas las noches con una sola pregunta en mente: ¿cómo compartir los frutos de mi aprendizaje?

El día del curso fue un éxito. Transmitir lo que había aprendido me daba alegría. Ganaba confianza y, en el proceso, creé la asociación Conocimiento Ilimitado, que más tarde se convertiría en un organismo de formación. Este primer paso me permitió dirigir talleres para grupos reducidos y, más tarde, dar charlas. De pronto estaba recorriendo las carreteras de Francia, arrastrando una maleta llena de libros y material de enseñanza.

Continué formándome en línea con campeones internacionales, aplicando y compartiendo estas enseñanzas con mis propios estudiantes. Leía uno o dos libros al día y hacía al menos tres mapas mentales a la semana, justo al amanecer, antes de irme a trabajar. A principios de 2020 el confinamiento me permitió practicar aún más. También aproveché para subir videos a Instagram y ofrecer conferencias, vía Zoom. Finalmente pude reanudar mi actividad en esta área a mediados del año. Pero apenas tenía tiempo para mi familia y eso suponía un gran sacrificio para mí. Estaba triste, pero también tenía muchas esperanzas: las cosas iban a cambiar.

En junio de 2020 clasifiqué nuevamente para el campeonato de Francia de lectura rápida, organizado en línea debido a la pandemia del COVID. Me sentía preparado. Sabía lo que iba a hacer: iba a ganar.

Llegó el gran día y los organizadores nos impusieron un libro que aún no había sido publicado. Debíamos leerlo lo más rápido posible y responder a veinte preguntas muy específicas. Leí 300 páginas en 37 minutos, clasificándome el noveno de 120 participantes. Y, contra todo pronóstico, terminé en primer lugar en la prueba de mapas mentales. En aquel momento pensé en mis padres analfabetos, mi infancia de barrio, mi enfermedad, mi hijo… en todo el camino recorrido. Lloré de alegría en brazos de mi esposa.

Los campeonatos del mundo

Al terminar aquellos campeonatos ya no tenía ninguna duda sobre mi futuro. Quería vencer mis propios límites y superar lo imposible. Dejé mi trabajo asalariado, a pesar de que me encontraba a gusto en mi empresa: me había hecho crecer y sin duda también había contribuido a mi transformación, pues la confianza que los demás depositan en nosotros no tiene precio. Pero la sonrisa de mis alumnos me inspiraba más. Quería entregarme a tantas personas como fuera posible, dedicar mis días a mi proyecto personal. Y eso fue exactamente lo que hice. Incluso me atreví a dar una charla TEDx en Enedispour para explicar mi lucha contra mis creencias limitantes. Las reacciones del público superaron mis expectativas. Las ideas que transmitía inspiraban a niños, padres, trabajadores… Cuentan la historia de un cambio que va más allá del estricto marco de estudios en el que con frecuencia se basa el aprendizaje. Junto a algunos de mis estudiantes, formamos un equipo para prepararnos para el campeonato de Francia y el campeonato del mundo. A medida que se acercaba este último me sentía más vulnerable: ya no era un participante más. La gente me conocía. Sabía que soy formador en lectura rápida y mapas mentales. Así que era evidente que podría correr el riesgo de perder credibilidad. Pero también resultaba emocionante, pues cualquier campeón tiene que saber cómo poner su título en juego.

El 30 de mayo de 2021 me designaron árbitro internacional para la prueba de mapas mentales y, lo más importante, candidato para la prueba de lectura rápida… ¡Gané el título de subcampeón del mundo! ¡Qué inmenso orgullo! No lo podía creer. ¿Estaba soñando? ¿Cómo podía yo, el pequeño Mohamed, ganar este título frente a grandes figuras que habían estado practicando la lectura rápida durante años? Logré leer un libro de 170 páginas en 17 minutos y 35 segundos. ¡Es increíble, había leído y asimilado una docena de páginas por minuto!

Mis estudiantes también tuvieron éxito, clasificaron entre los diez primeros en ambas especialidades y uno de ellos ganó el título de subcampeón mundial en mapas mentales. No hay palabras para describir la alegría de una victoria compartida; es mucho más emocionante porque, en nuestro equipo, a casi nadie le gustaba leer antes de embarcarse en esta aventura. Esta victoria confirmó mi vocación. Sabía exactamente lo que quería hacer: demostrar a las personas que sus cerebros son poderosos y animarlas a creer en lo que pueden lograr. Por esa misma razón decidí escribir este libro. Es una continuación lógica de mi viaje, una forma de compartir mi historia, mis métodos y mis convicciones con el mayor número de personas posible. Cada uno es capaz de convertirnos en superhéroes de nuestras vidas. Todos podemos volver a encontrar el equilibrio e ir más allá de cualquier límite. Todos podemos aprender, enriquecer nuestros conocimientos, impulsar nuestro razonamiento, recrear nuestros proyectos más hermosos. Durante mucho tiempo pensé que era estúpido, pero hoy sé que esta idea me fue impuesta desde afuera. Sé que no es la realidad, sino una realidad que hice mía. Con este libro, me gustaría, ayudarte a salir de tu realidad y abrir las puertas a un mundo maravilloso: el del conocimiento ilimitado.

Antes de empezar

TU POTENCIAL NO TIENE LÍMITES

En 2021 conseguí el título de subcampeón mundial de lectura rápida. Desde entonces me dedico a enseñar a todos los que desean descubrir esta disciplina, y nada me hace más feliz. Pero la lectura rápida no consiste solo en leer rápido y romper récords de velocidad. En realidad, es una forma real de adquirir conocimiento, y no es la única. Lo importante es el conocimiento; da igual de dónde provenga: de libros, pódcast, prensa, arte, viajes… La educación está en el origen del cambio: cuanto más aprendemos, más capaces seremos de realizarnos personalmente. El aprendizaje es una fuente de realización, de bienestar, de progreso personal y profesional, y además es accesible a todo el mundo. Sea cual sea tu historia, tu trabajo, tu sueño, puedes aumentar tus conocimientos para conocerte mejor, a ti mismo y al mundo que nos rodea.

Este trabajo no está dedicado a la lectura rápida, sino a tu potencial. Tienes un potencial ilimitado. Puedes aumentar tus conocimientos para trabajar de manera más eficiente y llevar a cabo todos los proyectos que quieras: dominar un idioma extranjero en dos meses, escribir un libro, adquirir conocimientos sobre algún tema que te motive, crear tu propia empresa, convertirte en un excelente orador, organizar conferencias, hacer reír a tus seres queridos a la hora de la comida y convencer a quien quieras para que siga tus ideas.

Si puedes hacerlo es gracias a tu cerebro. El cerebro es poderoso y se transforma con el aprendizaje: cuanto más aprendemos, más se desarrolla y, cuanto más se desarrolla, más aprendemos. Este círculo virtuoso es el centro de mi trabajo. Siendo el cerebro lo que es, un órgano maravilloso, nada es imposible. Al querer entender cómo funciona, apostamos por trabajar con él y lograr todas las metas a las que aspiramos.

Sobre todo, tal y como hago yo mismo cada día, quiero demostrarte que eres capaz de aprender, de aplicar lo aprendido y de compartirlo.

Si estás sumido en un mar de dudas, le das demasiadas vueltas a las cosas o bien quieres cambiar de vida, aprobar un examen o leer más, voy a enseñarte a abandonar las creencias que te bloquean y a organizar tu día a día para que tus deseos sean una prioridad.

Voy a enseñarte las claves de la concentración para obtener más eficiencia y conseguir resultados.

Voy a enseñarte a usar el cerebro en el momento adecuado y en las condiciones adecuadas para que se convierta en un aliado para la vida.

Voy a enseñarte a entrenar la memoria para retener lo imposible.

Voy a enseñarte a identificar y manejar tu inteligencia dominante.

Vas a aprender a hacer mapas mentales.

Voy a guiarte, paso a paso, hacia la realización de todo tu potencial.

Mis estudiantes me preguntan con frecuencia: «¿Por qué no aprendimos esto antes, en la escuela, por ejemplo?». Es una pregunta que tiene todo el sentido. ¡Hay tanto que ganar! ¿Por qué no somos conscientes, desde edades tempranas, de las técnicas que nos permiten aprender a aprender? ¿Por qué se nos anima a estudiar, sin aprender nunca a estudiar? Mi sueño es hacer que los estudiantes sean más creativos, que las clases sean más dinámicas, experimentar con nuevos métodos, mejorar la comunicación, proveer a todos con los recursos y la confianza suficiente para que puedan construirse un futuro mejor. Tengo esperanza de lograrlo, pues converso regularmente con profesores que comparten mi punto de vista y que, a diario, se esfuerzan por reconciliar a los jóvenes con el aprendizaje, ayudándoles concretamente a descubrir sus fortalezas, sus cualidades. Por el momento son iniciativas individuales, pero espero que algún día está dinámica se introduzca a mayor escala en el sistema educativo, y que esto provoque un cambio.

Creo en las posibilidades de cada uno para alcanzar todo su potencial y espero sinceramente que, después de leer este libro, tú también lo creas. Pero, sobre todo, espero que el cambio se apodere de ti: todo lo que se puede lograr está ahí, dentro de ti, en tu interior. Te mostraré, página tras página, que tus recursos son ilimitados y que eres, como yo, como todos, una persona ilimitada que, simplemente, aún no lo sabe.

1

EL PODER DEL CONOCIMIENTO

Solo sé una cosa, y es que no sé nada.

SÓCRATES

Todos somos inteligentes y todos somos capaces de aumentar nuestros conocimientos. No hay límite para el aprendizaje, aunque solo sea por la gran cantidad de conocimiento que tenemos a nuestra disposición. Imagina por un momento todo lo que no conocemos y tenemos la oportunidad de descubrir para evolucionar, crecer, razonar, intercambiar, vibrar, reír, transmitir...

A lo largo de mi carrera he comprendido que la pasión por aprender es una fuente de realización y un vector de cambio. El aprendizaje nos ofrece ese nuevo aliento que muchos estamos buscando. ¿Quién no ha querido convertirse en una mejor versión de sí mismo, más libre y feliz? Para ello usualmente recurrimos a una serie de disciplinas que van desde la meditación hasta el ejercicio, pasando por la búsqueda de lo esencial o seguir una dieta sana. Todos estos pilares del desarrollo personal son útiles y han demostrado ser de gran apoyo para muchas personas. Pero, ¿hemos considerado alguna vez que ese nuevo aliento podría hallarse en el conocimiento?

No tenemos una idea de todo su poder, que es potentísimo. El conocimiento puede remodelar nuestra vida cotidiana y nuestro futuro. Puede llevarnos a una mayor realización personal, proporcionarnos más confianza en nosotros mismos, más razón. ¿Por qué privarnos de ello?

¡Reconcíliate con la idea de «conocimiento»!

La palabra *conocimiento* desprende cierto aroma de seriedad, suena aburrida, incluso demasiado trillada. El diccionario define el conocimiento en los siguientes términos: «Acción, hecho de comprender, de conocer las propiedades, las características, los rasgos específicos de algo».

Al practicar la lectura rápida y enriquecer mis conocimientos, descubrí otra definición de esta noción. Me quedé impactado: el conocimiento era algo muy distinto a la imagen que tenía. Hasta el día de hoy, para mí el conocimiento ya no evoca restricción, la severidad de algunos profesores o su excesivo rigor. Tampoco equivale a obediencia o sumisión. Por el contrario, el conocimiento implica libertad, soltura y bienestar.

Debemos ver la adquisición de conocimiento como una fuente de felicidad, una energía poderosa que hace nuestras vidas más fáciles y alegres. Antes de invitarte a venir conmigo al fértil terreno del conocimiento ilimitado, no puedo dejar de recomendar que te reconcilies con el término *conocimiento*. Eliminemos nuestros prejuicios y pensemos, sobre todo, en la cantidad de conocimiento que tenemos a nuestro alrededor, que podríamos acumular y ser así mucho más felices.

Aprender, sí, ¿pero qué?

Desde el momento en que afirmo que la adquisición de conocimiento nos hace más felices, la idea empieza a resultar mucho más seductora, ¿verdad? Pero, ¿de qué estamos hablando? ¿Qué debemos aprender para beneficiarnos del poder del conocimiento?

El aprendizaje no es solo una búsqueda intelectual. Todos somos diferentes y somos capaces de encontrar la felicidad en una amplia variedad de campos, como las manualidades, el liderazgo, la comunicación, la literatura, el medioambiente, la actividad física… Son muchos los temas en los que podemos profundizar para aprender más, satisfacer una curiosidad o progresar en su práctica. La idea es descubrir nuestra propia verdad y preguntarse: ¿qué me impulsa?, ¿qué quiero compartir? Si buscamos en profundidad, en lo más hondo de nuestras emociones, lejos de los dictados sociales, descubriremos un territorio ilimitado, una riqueza inagotable que nos espera con los brazos abiertos. Será un momento de alegría, que podremos alcanzar cuando nos aventuremos a explorar una disciplina que nos guste y nos haga vibrar.

Tal y como explico a mis estudiantes, siempre hay algún tema que despierta nuestro interés. Para empezar, te invito a identificar qué es lo que más te gusta. Es una forma de dar un primer paso hacia el aprendizaje. ¿Te gusta el futbol? ¿La cocina? ¿Un artista en particular? Hay muchísima información disponible sobre cada uno de estos temas. Puedes empezar leyendo el *Marca* todos los días, para luego adentrarte en un libro sobre la historia del futbol o ponerte a escuchar pódcast sobre deporte. Puedes hacerte con un montón de libros de cocina para descubrir nuevas recetas y consejos culinarios o seguir algunas cuentas en Instagram de auténticos entusiastas de la comida. Puedes empezar con la biografía de alguna celebridad que admires para conocer su vida, su trayectoria de vida y descubrir su visión del mundo; o interesarte por la filmografía de un actor o actriz para tener una visión global de su obra. Todo es válido y está ahí, a tu alcance. No hay jerarquías: cualquier tema que abordemos es válido; es interesante profundizar en él, siempre y cuando despierte nuestra curiosidad. Puedes empezar por donde quieras: enriquecer conocimientos no es aprenderse de memoria un atlas o una enciclopedia con el fin de ganar el premio de un programa de cultura general, sino identificar cada uno de «tus» temas favoritos y estudiarlos. Es para divertirte y evolucionar.

Este primer paso es esencial, porque los siguientes dependerán de ello: si invertimos en un tema específico otros nuevos aparecerán. Siempre podemos profundizar en un tema dentro del tema: la cocina puede llevarnos a la cocina molecular, de la misma manera que el cine puede llevarnos a descubrir el trabajo de un director en particular o los medios necesarios para financiar un largometraje. Cuanto más nos adentramos en un tema, más querremos continuar. Lo importante es encontrar el tema que nos cautive. A muchas personas les seduce la idea de aprender, pero no saben por dónde empezar. A lo largo de mi experiencia, he recopilado consejos para alentar a todo el mundo a identificar su temática particular.

7 CONSEJOS PARA IDENTIFICAR TUS TEMAS DE APRENDIZAJE

1. Pregúntate sobre tus pasiones, o sobre tus antiguas pasiones. Si el término *pasión* no despierta nada en ti, prueba con *afición*. ¿Cuáles son tus aficiones? ¿La pesca? ¿Los juegos de mesa?

2. Vuelve a tu infancia: cuando éramos niños nuestros sueños no tenían límites y teníamos pasiones «clarísimas» a las que renunciamos con el tiempo. Si de niño soñabas con ser astronauta, ¿no te gustaría aprender más sobre astronomía, sobre el sistema solar?

3. Piensa en los temas y debates que aparecen regularmente en las noticias y que no siempre entiendes. ¿No tienes claros los argumentos de tus amigos ecologistas? ¿Te gustaría entender por qué algunas personas ya no comen carne? ¿La lucha feminista te interesa, pero no terminas de comprender sus matices? Estos son algunos temas en los que podrías profundizar.

4. Identifica tus deseos más profundos: encontrar el amor, cambiar de trabajo, vivir en el campo, remodelar tu casa, tener un hijo… Ampliar la comprensión y el conocimiento de los temas que son importantes para ti es la mejor manera de llevar a cabo tus proyectos personales. Aunque aprender inglés puede ser complicado cuando se trata de aprobar un examen, puede ser emocionante cuando lo que buscas es manejar un idioma para encontrarte con alguien a quien amas y que vive en el otro extremo del planeta.

5. Abre los ojos y presta oídos en todo momento, y escucha cuando te cuenten una anécdota, porque tal vez encuentres una historia emocionante o te seducirá una argumentación, una forma de ver el mundo.

6. Crea un «cuaderno de conocimientos» que llevarás contigo y en el que te divertirás anotando todo lo que aprendas «por casualidad» y te produzca sorpresa o placer. ¿Una nueva palabra para ampliar tu vocabulario? ¿La capital de un país? ¿Una frase especial que leíste en un libro o que escuchaste en la radio? Si sientes la necesidad de escribirlo puede que desees saber más.

7. Déjate guiar por tus creencias limitantes —es decir, las falsas certezas que tienes sobre ti mismo (▸pág. 57)— sobre determinadas materias para encontrar inspiración: atreverte con una disciplina que consideras demasiado complicada para ti puede ser un desafío particularmente interesante. Si piensas que no se te dan bien la contabilidad, la geografía o la jardinería, ¿qué pasaría si decides sorprenderte practicándolas?

Un último consejo: si hay varios temas que te interesan a la vez, no dudes en apuntarlos todos, no para estudiarlos al mismo tiempo sino para crear una «lista de espera». Tener una visión a mediano plazo del propio aprendizaje alimenta la motivación, y permite tomar conciencia de que el mundo del conocimiento es ilimitado.

Las 11 virtudes del conocimiento

Una vez que hayas encontrado el(los) tema(s) que te interesan, el conocimiento se convertirá en el centro de tu vida: siempre querrás más. Descubrirás cuánto puede transformarte. El conocimiento te apoyará en la realización de proyectos, pero también será un pilar de tu bienestar diario. Entonces podrás descubrir todas las virtudes que aporta el conocimiento.

1. El conocimiento eleva el nivel de conciencia

El conocimiento nos eleva. Nos permite desarrollar una mirada más clarificadora sobre el mundo que nos rodea y convertirnos en lo que se conoce como «mente universal». En otras palabras, abre nuestra manera de pensar y nos permite abandonar el pensamiento único, siempre tan estrecho de críticas.

A través del conocimiento aprendemos a analizar la información y somos mucho menos influenciables. Pongamos, por ejemplo, el debate sobre el papel que la carne debería tener en la dieta. Algunas personas más o menos cualificadas en el tema argumentan que comer carne es malo para la salud, mientras que otras sostienen que la carne supone un aporte de proteínas esencial. ¿No sería interesante profundizar en la cuestión, en lugar de caer en la trampa del discurso único? ¿Por qué detenerse en la mera lectura de un artículo que afirma que la carne tiene efectos nocivos para el organismo? Al llevar a cabo nuestra propia investigación, al contraponer las opiniones de distintos expertos, comprenderemos mejor todos los argumentos y podremos crearnos una opinión propia, actuando así cada día de acuerdo con nuestras conclusiones.

2. El conocimiento nos hace más humildes y sensatos

Cuanto más aprendemos más ignorantes nos sentimos, al menos al principio, pues cuando nos sumergimos en un tema descubrimos que no es tan sencillo como parecía. En otras palabras, a medida que desarrollamos nuestro conocimiento nos damos cuenta de que «el mapa no es el territorio», siendo el mapa nuestra visión del mundo y el territorio la realidad. Tendemos a tomar lo primero como equivalente de lo segundo. El conocimiento nos enseña algo fundamental: estamos muy lejos de saberlo todo, nuestra visión es limitada y el territorio muy grande.

Cuando empecé a practicar la lectura rápida y descubrí las técnicas relacionadas con esta disciplina pensé que eso era todo, que «ya sabía». Pero al explorar este universo comprendí que había muchas más técnicas y complejidades de lo que había creído. Quería aprender más. Me encontraba en lo que se llama el «valle de la humildad», una fase del aprendizaje que corresponde al momento en que admitimos que aún no somos competentes. Nos atrevemos a cuestionarnos a nosotros mismos, nos volvemos cada vez más humildes. Esta modestia es una fuerza que nos impulsa, pues es entonces cuando tomamos medidas para llegar aún más lejos.

Impulsados por nuestras ganas de aprender, que crecen a medida que aumenta nuestra humildad, llegamos a la «meseta de consolidación». En esta etapa, nos evaluamos de forma justa: sabemos que sabemos, lo que nos da más confianza en nosotros mismos, pero también discreción. Ya no queremos alardear de nuestro conocimiento, porque finalmente reconocemos que el famoso mapa no es el territorio y que, a pesar de nuestros conocimientos, nuestro mapa no es la verdad. Finalmente, en esta etapa la humildad es aún mayor y se produce un círculo virtuoso: tenemos aún más sed de aprender. En resumen, el conocimiento nos permite alejarnos del llamado efecto Dunning-Kruger (▸pág. 72), un sesgo cognitivo por el cual algunos individuos tienden a sobreestimar sus habilidades en un campo en el que están poco cualificados.

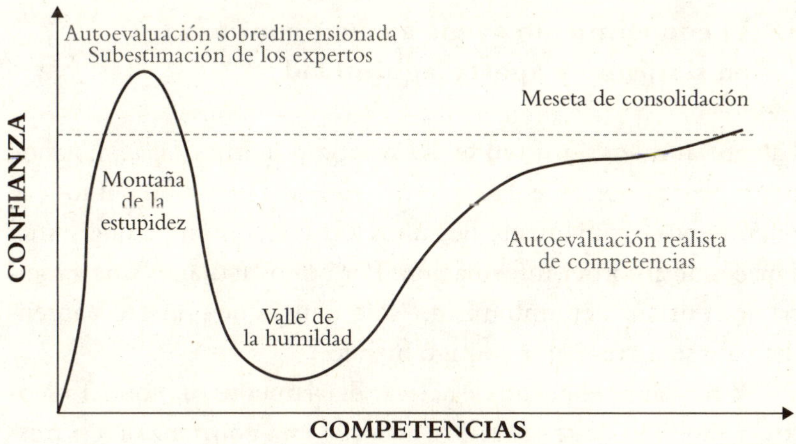

El efecto Dunning-Kruger

El mapa no es el territorio

Esta frase nos recuerda la distinción entre una representación y la realidad que reproduce. Cada individuo tiene su propio mapa, es decir, su visión del mundo y la forma en que lo representa. Este mapa se alimenta de nuestras experiencias, creencias y conocimientos. El territorio es el mundo tal y como es: con sus contornos delimitados, pero también sus sombras, sus zonas inexploradas.

Con frecuencia nos quedamos encerrados en nuestro mapa porque pensamos que nuestra visión del mundo está cerca de la realidad, incluso que es la realidad y, por tanto, el territorio. Pero hay una brecha, más o menos amplia, entre nuestra representación del mundo y el mundo real. El conocimiento permite reducirla y nos ayuda a acceder a una visión más precisa del mundo que nos rodea. Al comprender que nuestro mapa a veces puede estar equivocado nos volvemos más tolerantes, más curiosos, más abiertos. Admitimos nuestros errores, escuchamos mejor a los demás, desarrollamos nuestra empatía y nos acercamos al territorio. Será muy difícil conocer todo el territorio —¡se necesitarían mil vidas!— y acceder a la verdad absoluta pero, al menos, aprendemos a buscarla por todas partes en lugar de creer que ya es nuestra. ¡Qué ganancia en objetividad!

3. El conocimiento ayuda a ganar confianza en sí mismo y aporta legitimidad

La confianza en sí mismo se define como sentirse *capaz*. Cuando nos embarcamos en el camino del aprendizaje y obtenemos conocimiento, rápidamente llegamos a la conclusión de que somos capaces de absorber información. Por tanto, actuar es una garantía de confianza en uno mismo: solo tienes que ponerte a aprender para sentirte mejor contigo mismo.

Y más aún, el hecho de activar diariamente tus conocimientos, y también de trasmitirlos, acentúa esta confianza en sí mismo. Nos damos cuenta de que podemos usar lo que sabemos para impulsar nuestro destino y expresarnos sobre un tema específico. «Lo que está bien concebido se expone con claridad y las palabras para expresarlo vienen fácilmente», le gustaba repetir a mi profesor de francés en quinto de primaria (inspirado por Nicolas Boileau y su *Arte poética*, pero de eso yo no me enteré hasta mucho más tarde).

4. El conocimiento ayuda a tomar buenas decisiones

No le pedimos a un líder empresarial que lo sepa todo, sino que tome las decisiones correctas. ¿Cómo puede tomar las decisiones más apropiadas? Puede confiar en sus experiencias anteriores y en las conclusiones que ha obtenido de ellas; pero también puede —a través de la lectura, por ejemplo— enriquecerse con las experiencias de los demás. Leer testimonios de otros empresarios le ahorrará años de trabajo. Ante cualquier problema podrá mostrar el discernimiento necesario, pues habrá acumulado conocimiento. Aplicará sus conocimientos tan pronto como surja la oportunidad y, créeme, la oportunidad de aprovechar los conocimientos adquiridos llega con más frecuencia de lo que se piensa. El conocimiento interviene en todas las preocupaciones a las que nos enfrentamos a diario y en las decisiones que debemos tomar. Hay respuestas en todas partes. A fuerza de aprendizaje y curiosidad ampliamos nuestra mirada y comenzamos a crear vínculos entre todo lo que hemos leído, oído y comprendido para aplicarlo con criterio en cualquier momento.

5. El conocimiento es lo único que nos queda cuando no nos queda nada

Es indudable que gracias al conocimiento nuestro mundo interior se enriquece, pero sobre todo somos capaces de hacer frente a cualquier situación. Cuanto más desarrollemos nuestros conocimientos, más capacidades tendremos para interactuar, cambiar y adaptarnos. Si mañana lo perdemos todo o en parte, si nos quedamos sin posesiones materiales, solo nos quedará una cosa: nuestra riqueza interior. En nuestro interior permanecerán los conocimientos adquiridos, fortaleciendo nuestra confianza en nosotros mismos, o una pasión que nos impulse y nos haga felices a pesar de todo. Además, nuestro conocimiento también puede servirnos de inspiración, ayudándonos a reconstruir nuestra vida diaria.

6. El conocimiento combate el aburrimiento

Cuando entramos en el mundo del aprendizaje, el aburrimiento deja de formar parte de nuestra vida cotidiana. Adiós los tiempos muertos: siempre hay algo nuevo que descubrir. Si a veces tienes la impresión de aburrirte, de que careces de metas y que caíste en la rutina, el aprendizaje te cambiará y estimulará. Incluso terminarás deseando que llegue el domingo, pues tendrás horas para ti mismo, para aprender.

7. El conocimiento puede animarte a cambiar de vida

Al aprender, nos exponemos a hacer ciertos descubrimientos. Algunas personas descubren sus temas favoritos y se dan cuenta de que no están en el lugar adecuado. No estoy diciendo que todos estemos en el lugar equivocado, solo que el conocimiento puede ayudarnos a entender hacia dónde queremos ir. En mi caso, me había propuesto llevar una vida normal, dentro de un esquema clásico: conseguir un empleo, trabajar, ahorrar dinero y disfrutar de mi jubilación. Aprendiendo y leyendo entendí que no quería seguir ese patrón, lo que verdaderamente quería era enseñar. Dejé el mundo de la ingeniería y eso me ha traído hasta donde estoy hoy.

A lo largo de nuestro aprendizaje, y en nuestra búsqueda de conocimiento, podemos leer o escuchar cosas que nos inspiran. Con mucha frecuencia sucede que leemos un libro sin esperar gran cosa, hasta que de pronto descubrimos que este o aquel tema nos apasiona. Nos estimula, nos hace vibrar. Tan pronto como las palabras que leemos encuentran un eco en nuestro interior, nace el deseo de profundizar. A veces profundizamos tanto que llegamos a cambiar nuestra vida. Considero que el conocimiento es una motivación que nos llega desde fuera: gracias a él despertamos y desarrollamos objetivos que demandan objetivos nuevos y, en ocasiones, provocan en nosotros el deseo de abrir nuevas puertas.

8. El conocimiento es antiestrés

El conocimiento es una fuente de soluciones y nos ayuda a relativizar. Ya no entramos en pánico por nada. Hay muchos ejemplos de ello. Podemos aprender los principios fundamentales de la psicología descubriendo disciplinas que pueden apoyarnos (TCC,[1] EMDR,[2] incluso la hipnosis), nos sentimos mejor al poder encontrar ayuda porque somos conscientes de que esa ayuda existe.

¿No te llegan ofertas de trabajo? ¿Publicaste un libro que no se vende? En lugar de desanimarte, sabes que el fracaso no es algo negativo porque leíste la historia de Steve Jobs y comprendiste que, antes de llegar a la cima, es muy frecuente experimentar una sensación de fracaso y, más importante aún, que el fracaso es una oportunidad de oro para progresar más adelante.

En términos generales, el conocimiento es capaz de tranquilizarnos porque nos da claves reales para comprender el mundo que nos rodea y, por tanto, sentirnos bien al respecto. ¿Qué podría resultar más tranquilizador, por ejemplo, cuando se tiene fobia a volar, que hacer unas prácticas con Iberia, con sus cursos teóricos y los posibles escenarios de vuelo? ¿O recibir explicaciones de un médico cuando enfermamos y necesitamos tratamiento? Todo lo que aprendemos puede tranquilizarnos, pues lo desconocido es una fuente de estrés y ansiedad al dejar espacio para proyecciones negativas.

9. El conocimiento aporta alegría

¿No disfrutas de visitar un restaurante nuevo? ¿Viajar a un país desconocido? ¿Descubrir cosas que consiguen sacarte de la cotidianeidad? Con el aprendizaje sucede lo mismo: estamos en estado

---

[1] Terapia cognitiva conductual.

[2] *Eye Movement Desensitization and Reproccesing* (desensibilización y reprocesamiento de los movimientos oculares).

de descubrimiento permanente y, por tanto, disfrutando con alegría de cada descubrimiento.

10. El conocimiento te hace feliz

¿Sabías que tender la cama cada mañana te hace más feliz porque este hábito nos permite comenzar el día con un acto fácil y efectivo, que nos produce satisfacción? El aprendizaje funciona igual. Cada noche nos acostamos con la sensación de haber hecho algo positivo para nosotros mismos, tenemos más conocimiento que el día anterior. Es estimulante y motivador. De la misma manera, es satisfactorio transmitir nuestro conocimiento, poder tranquilizar u orientar a alguien, lo cual nos hace a todos más felices.

11. El conocimiento nos ayuda a alcanzar nuestros objetivos

Podemos decidir aumentar nuestro conocimiento para abrirnos al mundo, distraernos o relajarnos. Pero también podemos aumentar nuestro conocimiento para lograr un objetivo específico. Tanto si quieres cambiar de vida y convertirte en sofrólogo, por ejemplo, como si deseas impulsar tu carrera o hablar cuatro idiomas para poder viajar, el conocimiento será tu base de partida. Te abrirá puertas, te inspirará y te ofrecerá soluciones, opciones.

El conocimiento es la base del desarrollo personal

El conocimiento puede ayudar a realizarte de la misma manera que lo haría una técnica de desarrollo personal. Pero eso no es todo: puede complementar tus «actividades» de desarrollo personal. Meditar, correr o llevar un diario íntimo cada mañana son iniciativas excelentes y, si las acompañas con un sólido conocimiento de cada tema, el resultado será aún más beneficioso. ¿Estás decidido a meditar y transformar esta disciplina en un estilo de vida saludable? La lectura de libros sobre meditación será una buena guía para comprenderla, progresar en ella y practicarla con regularidad.

Volver a conectar con el deseo de aprender

Aprender es, para muchos de nosotros, sinónimo de esfuerzo, asociación que debemos a nuestros recuerdos escolares. En el salón de clases, el aprendizaje se equipara a rendimiento escolar, a obtener buenos resultados académicos. Los exámenes y las tareas de clase nos alejaron del placer de aprender porque, como estudiantes, se nos evaluaba más sobre lo que no sabíamos que sobre lo que realmente sabíamos.

El tipo de aprendizaje al que me refiero no tiene como objetivo sacar buenas calificaciones. Lo haces para ti y por placer. El aprendizaje debe ser como un juego, como los niños aprenden jugando. Todos merecemos jugar para descubrir el mundo. Por desgracia, en mi época pasábamos horas sentados en el pupitre leyendo la lección y aprendiéndola de memoria. Estos métodos no son adecuados para todo el mundo, no son motivantes. Pero lo cierto es que podemos aprender con pasión y diversión.

4 consejos para reconectar con el placer de aprender

1. Recuerda que nadie te va a examinar. No te presiones a ti mismo, no hay ninguna medalla que ganar.
2. Busca el tema que te estimule y dedícale tiempo.
3. Convierte tu día a día en una oportunidad para adquirir conocimientos: puedes ver series o películas relacionadas con los temas que necesites. Esta es una buena manera de dar un primer paso hacia el conocimiento vinculándolo al placer.
4. Pasa tiempo en una biblioteca, como mero espectador, observa el entorno y las personas. Con el tiempo, querrás hacer lo que ellas. El aprendizaje es contagioso.

«Aprender, aplicar y compartir»: tu nuevo lema

Las virtudes del aprendizaje son aún más evidentes si integramos dos valores clave: aplicarlo y compartirlo. Lo convertí en mi *leitmotiv*: «Aprender, aplicar y compartir».

¿Por qué «aplicar»? Con frecuencia aprendemos *para* aplicar lo que hemos aprendido. Puedes aprender sobre emprendimiento para poner en marcha tu propia empresa. Puedes aprender nociones de salud para aumentar tu rendimiento físico. Podemos aprender cómo se desarrolla un parto para acompañar a las mujeres, como partera. Podemos aprender aromaterapia para convertirnos en naturópatas. La lista podría seguir y seguir. En todos estos casos, el proyecto que se tiene en mente con mucha frecuencia se pone en marcha; está, de hecho, en la propia iniciativa de aprender. Llegados a este punto, nuestro conocimiento se convierte en experiencia. Por este motivo también me gusta decir que el conocimiento contiene su propia aplicación.

Gracias a la experiencia, nuestro conocimiento se mantiene vivo porque lo usamos regularmente. Más aún, evoluciona positivamente porque, cuanto más practicamos, más nos perfeccionamos.

¿Qué hacer con el conocimiento que no se aplica?

¿Quieres aprender, pero no tienes idea de cómo aplicar tus conocimientos? ¿Te preocupa que sea inútil? Eso nunca va a suceder. El conocimiento que absorbemos se aplica generalmente sin que seamos conscientes de ello. Al sintonizar y combinarse con otros conocimientos que ya teníamos, ilumina nuestras decisiones, despierta a la persona que somos, nuestras aspiraciones, nuestros deseos. También favorece nuestras relaciones interpersonales, anima nuestras conversaciones y, sobre todo, puede llevarnos a adoptar comportamientos nuevos. ¿Quieres saber más sobre el planeta Tierra y el sistema solar? Es cierto que no necesariamente serás capaz de «aplicar» tus nuevos conocimientos, pero sabrás más sobre nuestra condición como seres humanos, sobre el calentamiento global y los recursos de los planetas vecinos. Esta cultura general te hará crecer y tal vez te haga querer defender alguna causa. Las virtudes del conocimiento siguen siendo válidas sin una aplicación consciente y directa.

¿POR QUÉ «COMPARTIR»? Transmitir conocimiento es una forma de aplicarlo y progresar. Al compartir lo que hemos aprendido podemos poner a prueba nuestro conocimiento con quienes nos rodean. Por supuesto, no se trata de abrumar a los demás ni pretender imponerse sobre ellos sino, cuando surja la oportunidad, intercambiar impresiones sobre un libro que hemos leído o una película que nos haya gustado, por ejemplo. Al escuchar las preguntas y comentarios de los demás, nuestro conocimiento aumenta, porque perseveramos en nuestras reflexiones.

5 ideas gratis para encontrar conocimiento

El mundo está lleno de información y podemos acceder fácilmente a todo tipo de conocimientos. Paradójicamente, cada vez somos más ignorantes: la información disponible en internet, a un par de clics desde nuestro celular, abandona nuestro cerebro con frecuencia sin dejar huella. La abundancia de información, por tanto, no motiva a las personas a «saber». De hecho, mientras navegamos por internet usualmente nos quedamos atrapados en las redes sociales, los videojuegos o Netflix, pero el tiempo que pasamos «distrayéndonos» podríamos haberlo pasado aprendiendo. En ese sentido, los libros son herramientas infinitamente más valiosas para el aprendizaje. Rebosan saber, conocimientos, y encierran la promesa de mantener siempre fresca y renovada la curiosidad por aprender. Debemos acudir a ellos, codearnos con ellos, intercambiarlos, hacerlos circular, hablar libremente de libros. Y, junto a ellos, existen otras muchas fuentes gratuitas para extraer conocimiento. Puedes probarlas todas, para construir tus propios hábitos de aprendizaje. Elige las que quieras:

1. Visita exposiciones gratuitas, incluso un museo una vez al mes (la entrada es gratis ciertos días). Es una oportunidad para

maravillarnos de todo y de nada, hasta que tu mirada se detenga en un objeto, en un tema. Y entonces lo elegirás, para seguir profundizando en ello.

2. Asiste a conferencias, eventos gratuitos cercanos, *afterworks* sobre algún tema en concreto que despierte tu interés.

3. Lee el periódico varios días a la semana y conviértelo en una rutina. Recuerda que para leer un periódico no es necesario hacerlo en su totalidad, sino que podemos detenernos en los artículos que nos llamen la atención. También se puede recurrir a la prensa en línea, frecuentemente gratuita.

4. Consigue libros sobre temas que te gusten y fíjate un objetivo diario: unas cuantas páginas al día…

5. Escucha pódcast que tengan rigor y seriedad, sin plantearte objetivos poco realistas. No hace falta que los escuches de una sola vez, puedes hacerlo en distintos momentos del día: diez minutos por la mañana, diez minutos en el coche…

Escucha a los tuyos y a los que te rodean

Usualmente olvidamos que los demás pueden tener grandes conocimientos. No estoy hablando de escritores y conferencistas, me refiero a nuestros amigos y familiares. ¿Realmente nos tomamos el tiempo suficiente para escucharlos? ¿Para hacerles preguntas? Imagina lo que puedes aprender de los demás simplemente escuchándolos, evitando interrumpirles cuando nos cuentan algo o desviando la conversación para llevarla hacia nosotros mismos. Un anciano que cuenta sus experiencias en la guerra, un amigo que nos revela los entresijos de su trabajo… A veces, pasamos años al lado de un compañero sin saber quién es, cuando probablemente tiene cosas emocionantes que contarnos. ¿Qué interés tiene esto? Pues permitirnos descubrir otros «mapas», y cuantos más mapas reunamos más precisa será nuestra visión del territorio.

Las 4 etapas del ciclo del aprendizaje

El ciclo del aprendizaje puede dividirse en cuatro etapas. Es importante saberlo, porque pasamos por este ciclo cada vez que nos adentramos en una nueva disciplina. Gracias a ello podemos seguir nuestra evolución. También nos recuerda que el aprendizaje requiere un mínimo de tiempo y cierta dosis de formación.

Etapa 1: incompetencia inconsciente

Al principio estamos en una fase que se denomina *incompetencia inconsciente*: no sabemos que no sabemos. Por ejemplo, en mi caso, no sabía que existía la lectura rápida, tampoco sabía que no lo sabía. Esta primera etapa es la prueba de que tenemos mucha información a nuestra disposición, que el conocimiento es infinito y que no somos totalmente conscientes del conocimiento que podemos llegar a conseguir.

Etapa 2: incompetencia consciente

Cuando descubrimos una disciplina o información nos damos cuenta de nuestra ignorancia. Entramos entonces en la fase de *incompetencia consciente*: sabemos que no sabemos. En otras palabras, para seguir con el ejemplo de la lectura rápida, sé que la lectura rápida existe, pero no estoy seguro de qué es o cómo practicarla.

Cuando nos abrimos al mundo y decidimos leer el periódico, o libros, escuchar a los demás, acudir a exposiciones o conferencias, nos damos cuenta de que hay muchas cosas que no sabemos. Estamos constantemente en incompetencia inconsciente. Pero ser conscientes de esto es un motor: nos invita a aprender cosas increíbles y apasionantes, útiles para nuestro desarrollo personal y nuestros proyectos.

Etapa 3: competencia consciente

Ante la conciencia de no saber, decidimos aprender. Aprendemos, practicamos lo aprendido y pasamos a la tercera etapa, la de la *competencia consciente*: cuando somos conscientes de nuestras carencias es cuando estamos abiertos a desarrollar nuestro conocimiento. Nos vemos haciéndolo, exactamente como cuando aprendemos a conducir: cada gesto es consciente, estamos atentos a los pedales, a la palanca de cambios, a los demás conductores... Nuestro aprendizaje requiere un esfuerzo consciente, pero podemos observar nuestro progreso.

Etapa 4: competencia inconsciente

Cuando nuestro conocimiento y maestría aumentan alcanzamos una nueva etapa, la de la *competencia inconsciente*: ni siquiera sabemos que sabemos, como un automovilista que se mueve del punto A al punto B sin pensar, un experto que no sabe explicar lo que hace, o un tenista que juega sin racionalizar sus movimientos. Es algo natural, fluido. Esta es una prueba de que alcanzamos un nivel de dominio de la competencia. Llegar a esta última etapa implica alcanzar la excelencia.

Para mantener esta habilidad inconsciente se requiere entrenamiento y práctica. ¿Por qué los deportistas, los bomberos o los integrantes del GEO entrenan todos los días? Precisamente para fortalecer sus competencias inconscientes y contar siempre con ellas, especialmente en caso de emergencia y estrés. En la fase de competencia inconsciente hemos adquirido reflejos. Conocemos la mecánica de memoria. Hacemos las cosas automáticamente; nuestro cerebro actúa por sí solo.

Insisto mucho en las cuatro etapas del aprendizaje porque tendemos a creer que basta con descubrir un área de conocimiento y trabajar en ella para dominarla rápidamente. Esto no es del todo erróneo, pero lo único que te permite pasar de la incompetencia inconsciente (primer paso) al dominio total, la competencia inconsciente (último paso), y mantenerte allí, es el entrenamiento. Todo es posible, siempre y cuando continúes practicando. La experiencia solo se adquiere a través del entrenamiento. Para ello, por supuesto, es imprescindible reservar un tiempo cada día para aprender. Veremos cómo hacerlo en el capítulo 4 (▸pág. 103).

UN PASO CADA DÍA PARA ALCANZAR LA COMPETENCIA INCONSCIENTE

Muchas personas consideran que el aprendizaje es un proceso largo e imaginan que les llevará años desarrollar sus conocimientos sobre un tema y alcanzar la competencia inconsciente. Se desaniman incluso antes de comenzar. Sin embargo, con un mínimo de disciplina y constancia podemos adquirir conocimientos más rápido de lo que pensamos. Una vez más, el secreto está en el entrenamiento.

Tendemos a sobrevalorar lo que podemos hacer en un mes y subestimar lo que podemos hacer en un año. Me explico: si pensamos que en un mes todo puede cambiar, es muy probable que nos decepcionemos, mientras que si optamos por una estrategia de pequeños pasos, aprendiendo una palabra de inglés al día o conversando diez minutos diarios con una persona bilingüe, por ejemplo, podremos hablar inglés en un año. Si cada año seguimos el mismo sistema con un nuevo idioma, acabaremos hablando cinco idiomas en cinco años. Es lo que se conoce como «efecto acumulativo»: es mejor realizar múltiples sesiones cortas de estudio que poner el turbo de vez en cuando. La competencia inconsciente está al final del camino: al avanzar todos los días ganaremos soltura rápidamente.

La estrategia de pequeños pasos se adapta mejor al funcionamiento del cerebro, que capta el proceso como una sucesión de pequeñas victorias, cada una de las cuales le motiva a continuar. Aquí es donde ganamos velocidad. Del mismo modo, en lugar de pensar que no vale la pena leer diez páginas diarias, tenemos que pensar lo contrario: si cada mañana leemos diez páginas de un libro en el metro terminaremos el libro en un mes. Habrás leído doce libros al año y, mejor aún, tu gusto por la lectura se incrementará, por lo que leerás más.

Aprendizaje activo con la pirámide de Dale

El profesor e investigador estadounidense Edgar Dale[3] subraya en sus obras que el aprendizaje no puede estar privado de estimulación y práctica. Para explicitarlo gráficamente, diseñó una pirámide que muestra que retenemos solo el 10 % de lo que leemos, el 20 % de lo que escuchamos, el 30 % de lo que vemos y el 50 % de lo que vemos y oímos al mismo tiempo. Por otro lado, cuando hablamos y actuamos, las tasas de retención suben al 70 % y 90 %.

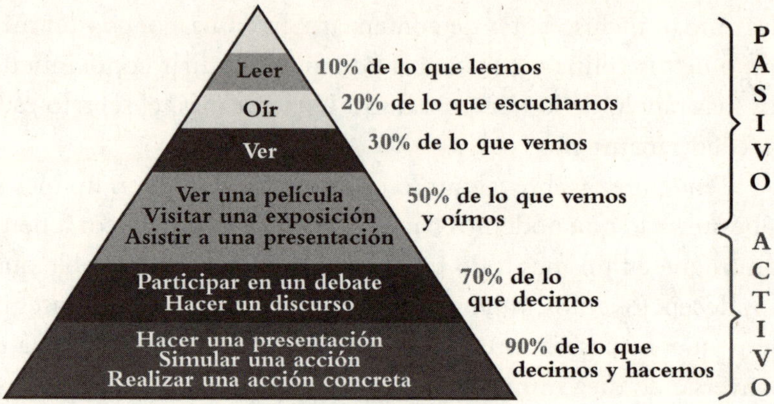

La pirámide del aprendizaje según Edgar Dale

Estas cifras nos indican que el aprendizaje debe ser activo. Cuanto más invertimos y ponemos en práctica, más retenemos lo que vamos descubriendo. Eso es lo que te voy a animar a hacer a lo largo de este libro. Todo ello pasa por una buena gestión del tiempo, condiciones de trabajo adecuadas, técnicas de memorización que impliquen la activación de lo aprendido, una preocupación por transmitir y aplicar el conocimiento constantemente. En otras palabras, el aprendizaje involucrará tanto el cuerpo como la mente. No podemos simplemente quedarnos acostados en el sillón leyendo. Necesitamos organizar nuestras vidas e inyectar energía en nuestro aprendizaje.

---

[3] Edgar Dale, *Audio-Visual Methods in Teaching*, Nueva York, Dryden Press, 1969, pág. 108.

QUÉDATE CON ESTO:

- El aprendizaje es una fuente de realización individual. Nos permite almacenar conocimiento que contribuye a nuestro bienestar y favorece el mantenimiento de una mentalidad abierta, la toma de decisiones y la realización de proyectos.
- Todo es bueno para aprender, sin jerarquía de valores: cada individuo puede identificar sus temas favoritos y comenzar a interesarse por ellos.
- Los libros son un soporte privilegiado para el aprendizaje. Sin embargo, hay muchos otros: periódicos, pódcast, conferencias...
- Aumentar tus conocimientos es bueno, ¡aplicarlos y transmitirlos es aún mejor! Gracias a estas dos acciones mantenemos y enriquecemos nuestro conocimiento.
- Es mejor dedicar unos minutos al día a aprender que darse sesiones maratónicas de trabajo de vez en cuando. La regularidad es lo que nos permite aumentar nuestros conocimientos y habilidades, alcanzando la etapa final de la competencia inconsciente, ¡nuestra maestría será tal que ni siquiera sabremos que sabemos!

2

DESAPRENDE TUS LÍMITES

> Tanto si crees en el éxito como en el fracaso, en ambos casos acertarás.[1]
>
> HENRY FORD

Hagamos un breve ejercicio de visualización. Imagina un limón. Un limón amarillo, bastante grande, en las manos de una persona desconocida. Tómate el tiempo necesario para visualizar esa imagen mental. Esta persona acerca el limón a tu rostro y lo mueve lentamente delante de tus ojos, nariz y boca. A continuación, lo corta por la mitad y unas gotitas de su jugo te salpican. Y hay más: esa persona te pide que abras la boca y chupes un poco de jugo directamente del limón. Lo haces, y el líquido inunda tus papilas gustativas; tanto que salivas mucho, incluso tragas parte de la pulpa del limón. Es ácido, pero refrescante.

Eso es todo, acabas de tomar jugo de limón. Ahora responde a algunas preguntas que voy a hacerte. ¿Has sentido el sabor del limón en la boca al leer estas palabras? ¿Salivaste más de lo normal durante este experimento de visualización? ¿Ocurrió como digo? Sin duda, así fue. ¿Por qué? Porque nuestro cerebro no diferencia entre lo real y lo imaginario. Lo que imaginas actúa en ti, ¡tanto que es capaz, en este caso, de activar tus glándulas salivares!

Lo que quiero decirte con esto es muy simple: nuestros pensamientos son poderosos. Son capaces de condicionar nues-

---

[1] *Mi vida y mi obra*, 1922. Segunda edición española: Barcelona, Orbis, 1924. Traducción de R. J. Slaby.

tro cuerpo y, por extensión, dirigir nuestra vida. Somos el fruto de nuestros pensamientos y, en la vida cotidiana, nuestras acciones, nuestros comportamientos, nuestras decisiones, son el resultado de estos. Juntos dan forma a nuestra existencia. Si, cuando pienso en jugo de limón, puedo percibir su sabor, entonces sucederá lo mismo cuando pienso que soy realmente bueno en matemáticas. Hay muchas posibilidades de que, haciendo esto, encuentre la motivación para estudiar, para trabajar y que, finalmente, sobresalga en esta disciplina. Pero si, por otro lado, pienso que soy malo en gimnasia, nunca entraré en un gimnasio ni probaré suerte en las barras paralelas. Lo entendiste bien: nuestra cabeza está llena de pensamientos que a veces son muy persistentes y, si algunos de ellos son capaces de llevarnos al éxito porque nos dan información positiva y alentadora, otros nos ralentizan. En definitiva, nuestros pensamientos nos condicionan.

La impotencia no existe

Cuando elegimos entrar en el mundo del conocimiento ilimitado y utilizar todo nuestro potencial cognitivo lo primero que debemos hacer es creer que podemos hacerlo. Tenemos que superar nuestros pensamientos negativos, esos que aparecen para susurrarnos al oído que es imposible progresar, retener, tener éxito, potenciar la inteligencia, ser imbatibles en cualquier tema que nos atraiga, desde la Primera Guerra Mundial hasta el sistema solar.

Debemos olvidar el concepto de *imposible* y borrar o relativizar todas las creencias sobre nosotros mismos que nos bloquean. Aprenderemos a hacerlo.

Digamos que se trata de desaprender nuestros límites para aumentar nuestros conocimientos. Esta es la primera fase del aprendizaje.

Las creencias limitantes, nuestro principal enemigo

Como su nombre indica, una creencia limitante es una certeza absoluta que tenemos (sobre nuestra capacidad para hacer cosas, sobre lo que se espera o no se espera de nosotros...), de la que estamos tan íntimamente convencidos que termina teniendo un efecto negativo —limitante— sobre nuestro comportamiento. Hay creencias limitantes generales, que muchos de nosotros compartimos, como «Nunca lo lograré» o «No lo merezco». Más allá de estas creencias generales, cada uno desarrolla creencias específicas y eminentemente personales relacionadas con su propia experiencia personal. En su mayor parte hunden sus raíces en lo que escuchamos durante nuestra etapa escolar. Otra fuente de creencias limitantes es la familia y, a veces, también se heredan: «¡Eres tan malo en matemáticas como tu papá!».

A muchos —como es mi caso— les pronosticaron que fracasarían en la escuela o les atribuyeron todo tipo de incompetencias. ¿Tal vez un profesor corto de juicio te dijo que no tenías memoria? ¿Que no estabas preparado para estudios superiores? ¿Que tus capacidades eran más manuales que intelectuales? Estas palabras, incluso aisladas y puntuales, se habrán quedado impresas en ti y darán como resultado creencias limitantes. Lo que decimos y hacemos todos los días, así como lo que decimos o no decimos, se rige por nuestras creencias. ¡Qué lástima no salir a correr porque crees que te falta resistencia! ¡Qué lástima no leer un libro porque toda la vida te han dicho que eras un alumno mediocre! ¿Quién es la gran responsable? La indefensión aprendida.

La impotencia aprendida

El psicólogo Martin Seligman sacó a la luz este concepto en 1964, tras llevar a cabo un esclarecedor experimento. Quiero dejar claro que no comulgo en absoluto con su método, pero sí me gustaría explicar su trabajo y sus conclusiones.

Martin Seligman y sus colaboradores metieron a un perro en una jaula cerrada y totalmente electrificada. El animal recibía regularmente descargas eléctricas. Intentó escapar, por supuesto, pero la jaula estaba cerrada, de modo que terminó aceptando la situación: sus intentos de huir se espaciaron hasta desaparecer y siguió recibiendo descargas regularmente. Después de esto, los científicos introdujeron a otro perro en una nueva jaula, la mitad de la cual estaba electrificada y la otra mitad no. En cuanto entró, el animal recibió una descarga. ¿Cuál fue su acto reflejo? Saltar el muro divisorio de la jaula para llegar al área no electrificada e intentar escapar.

Tiempo después regresaron con el primer perro, al que metieron esta vez en la jaula parcialmente electrificada. Como era de esperar, le dieron una breve descarga. ¿Cómo reaccionó el animal, qué hizo a continuación? ¡Nada! El perro se tumbó y ni siquiera intentó llegar al área no electrificada, a pesar de que la tenía a diez centímetros de donde se había tumbado. Si se comportó así es porque anteriormente había experimentado que era imposible escapar de la primera jaula, completamente electrificada, y había aprendido por experiencia que no podía evitar las descargas. De este experimento surgió el concepto de impotencia aprendida (también designado como *indefensión aprendida* o *desesperanza aprendida*).

Lo mismo nos sucede a nosotros. Si durante nuestra infancia nos dicen y nos repiten que no conseguiremos aprender inglés o que no podemos leer un libro, nuestro cerebro se queda con el mensaje. Años después ni siquiera intentaremos «entrar en la zona no electrificada», aquella en la que todo es posible.

Cuando era más joven estaba realmente convencido de que no podía leer un libro, hasta que un día me atreví a ir a un taller de lectura rápida. Pude superar mi impotencia aprendida. En definitiva, que hayamos fallado una o más veces en algo no quiere decir que no podamos intentarlo una vez más y conseguirlo. El descubrimiento de nuevos métodos es, sin duda, lo que nos ayuda a superar la impotencia aprendida. Después de eso podremos admitir que todo es posible, que a veces solo hay que dar un paso más allá.

El efecto Pigmalión

No es mi deseo acusar a los docentes, que se esfuerzan lo mejor que pueden en identificar nuestras habilidades y señalar nuestras incompetencias con el único propósito de orientarnos. Lo que sucede es que, a fuerza de oírlos repetir lo que piensan de nosotros, nos confinamos a nosotros mismos en un estrecho perímetro que acabamos pensando que nos define.

Insistir en decirle a un estudiante que tiene dificultades escolares solo conduce a anclarlo en ellas, mientras que si se le dice que tiene muchas habilidades se le está animando a desarrollarse más. Aparte de las palabras, una simple actitud puede marcar la diferencia, como lo demuestra el efecto Pigmalión. Este concepto explica que un individuo es capaz de aumentar su rendimiento si quienes lo rodean, particularmente un profesor, un *coach* o una figura de autoridad, valoran positivamente sus habilidades y su capacidad para triunfar.

Para demostrarlo, el investigador Robert Rosenthal realizó un experimento en una escuela de San Francisco con la directora del centro,[2] Lenore Jacobson. Era la década de 1960 y los estudiantes de aquel centro procedían de entornos desfavorecidos. Rosenthal y Jacobson les propusieron hacer una prueba de coeficiente intelectual y evaluaron muy favorablemente al 20% de los participantes, falsificando sus resultados. Después, se las arreglaron para que los profesores descubrieran que estos alumnos tenían unas calificaciones excelentes. Un año después realizaron la misma prueba: todos los que habían sido evaluados por encima de sus capacidades habían experimentado también un importante progreso. ¿Por qué? Porque los profesores, después de ver las excelentes calificaciones de aquellos alumnos, cambiaron la visión que tenían de ellos. Se puede deducir que empezaron a creer en ellos y a animarlos más en sus estudios. En otras palabras, si pensamos que alguien posee esta o aquella cualidad o habilidad, y lo consideraremos bajo esta nueva

---

[2] Robert Rosenthal y Lenore Jacobson, «Teacher Expectation for the Disadvantaged», *Scientific American*, 218/4, 1968; págs. 19-23.

mirada, lo animaremos inconscientemente a desarrollar esta cualidad o habilidad.

El efecto Pigmalión es un verdadero desafío en el campo de la pedagogía. La opinión que sobre nosotros tienen quienes nos rodean influye mucho y puede ser decisiva en nuestra capacidad para alcanzar nuestros objetivos.

Alimentamos nuestras creencias

Nuestras creencias limitantes con frecuencia surgen en la escuela para luego verse reforzadas por nuestros padres o amigos, que prolongan el efecto sin darse cuenta.

Pero, con el paso de los años, los principales responsables de repetirnos lo mismo una y otra vez e insistir en nuestras incapacidades somos nosotros mismos. Alimentamos nuestras propias creencias. Las alimentamos como a un monstruo que no para de crecer y cada vez exige más alimento. Cuando estamos convencidos de que somos malos en geografía, flojos, o que no somos capaces de hacer estudios superiores y somos «más de 5», estamos validando, inconscientemente, nuestras creencias limitantes. Y lo hacemos de dos maneras:

- No avanzamos, nos quedamos donde estábamos, sin tratar de rebatirlas: no intentamos adoptar nuevos comportamientos porque pensamos que ciertas actividades no están hechas para nosotros. Pero, si no lo intentamos, nuestra creencia será dominante y duradera en el tiempo.
- Hacemos todo para fracasar: intentamos una nueva vía, pero sin éxito. Este fracaso —que puede no serlo, pero que inconscientemente elegimos verlo como tal—, refuerza nuestra creencia, cuando en realidad fue esta la que obstaculizó nuestro éxito. Las conclusiones que extraemos de nuestras experiencias están sólidamente ancladas en nuestras creencias, al tiempo que estas continúan dirigiendo nuestras experiencias.

Debido a nuestras creencias dejamos de lado algunas habilidades que poseemos y ciertos conocimientos. No importa lo que otros nos hayan metido en la cabeza: es posible superar estas creencias para descubrir todo nuestro potencial, que es ilimitado e incondicional.

Había una vez un anciano sentado a la entrada de un pueblo...

A la entrada de un pueblo estaba un anciano, sentado en una cerca de piedra. Un viajero de paso se le acercó para preguntarle:

—Dígame, ¿cómo es la gente de este lugar?

—¿Cómo era la gente del lugar de donde vienes? —preguntó el anciano a su vez.

—Eran tacaños, malvados, mezquinos —explicó el viajero.

—Encontrarás ese mismo tipo de personas en este pueblo —concluyó el anciano.

Un poco más tarde otro viajero se acercó al anciano, que seguía sentado en la cerca:

—¿Cómo es la gente de este lugar?

—¿Cómo era la gente del lugar de donde vienes?

—Amables, hospitalarios y generosos.

—Encontrarás aquí ese mismo tipo de personas.

¿Cómo es posible que el anciano ofreciera respuestas opuestas a la misma pregunta? Simplemente, porque había comprendido algo fundamental: cada uno lleva en su corazón su propio universo y se lo encuentra allá donde vaya. Las personas que conocemos son solo un reflejo de nuestro propio estado mental. En otras palabras: si creemos que las personas tienen mal fondo, hay muchas probabilidades de que se muestren desagradables con nosotros, porque así es como los percibimos. Si creemos en su bondad, entonces nos parecerán buenas personas, porque es su bondad lo que percibimos al mirarlos desde nuestra perspectiva.

Las profecías autocumplidas... y autodestructivas

Debemos la expresión «profecía autocumplida» al sociólogo estadounidense Robert K. Merton.[3] Detrás de estas palabras se encuentra todo un proceso: nuestras creencias son tan fuertes y están tan arraigadas que, finalmente, suceden. Por supuesto, sin que seamos conscientes de ello. ¿Qué es lo que ocurre exactamente?

Cuando estamos poseídos por una creencia nuestro comportamiento se adapta a ella y atraemos situaciones que pueden validarla. Cuando estamos seguros de que vamos a tener un mal día hay muchas probabilidades de que, efectivamente, tengamos un día atroz. Nuestro pensamiento es tan poderoso que nuestros gestos y nuestra actitud «construyen» ese mal día.

En otras palabras, ¡la impotencia aprendida nos vuelve impotentes! Por eso también podemos hablar de profecías autodestructivas, porque cuando nuestras creencias son malas para nosotros y nos frenan en la vida, tendemos a mantenernos en ellas y terminan siendo destructoras.

Los 3 roles de nuestras creencias

Nuestras creencias pueden limitarnos e incluso destruirnos, pero también existen por una buena razón. Si ocupan tanto espacio en nuestra vida y si no intentamos cuestionarlas es porque encontramos ciertas ventajas en mantenerlas.

Nuestras creencias nos tranquilizan

Es reconfortante conocerse a sí mismo —o al menos pensarlo— y decirse que las cosas son estables. Hacerlo nos permite

---

[3] Robert King Merton, *Éléments de théorie et de méthode sociologique*, París, Plon, 1953.

movernos en un mundo bien delimitado y tener explicaciones para casi todo. Por ejemplo, si creo que «a quien madruga, Dios le ayuda», puedo justificar mis fracasos por mi tendencia a quedarme dormido, o pensar que mi vecino tiene éxito en la vida porque se levanta a las cinco de la mañana. Al menos todo queda claro, el vínculo causal es evidente.

Necesitamos comprenderlo todo, todo el tiempo. Nuestras creencias nos permiten explicar nuestras victorias, nuestros fracasos y comportamientos y, además, darles sentido. Nos decimos a nosotros mismos que las cosas son así, o resultarán así, porque «somos así» y «la vida es así».

Nuestras creencias dan respuesta a nuestras preguntas

Imagina esta escena: estás en la mesa con unos amigos y tienes una anécdota que compartir. El problema es que piensas que eres un mal orador (creencia). Pero no importa, lo vas a intentar de todos modos. Un amigo te cede la palabra y te atreves; hablas y tus amigos te miran. No sabes si aprecian tu anécdota o la encuentran poco interesante. Eso sí, no dejas de repetirte a ti mismo: «Soy un mal orador». Por tanto, tu creencia te proporciona una forma de descifrar la escena: «Estoy aburriendo a mis amigos, soy un auténtico desastre, ya lo sabía». Diríamos que incluso te consuela saberlo y, en cierto modo, resulta tranquilizador porque no te cabe duda alguna de ello.

Nuestras creencias realmente juegan este papel: dado que la realidad es difícil de concretar, ya que no lo sabemos todo y no es posible leer las mentes de los demás, nuestras creencias nos proporcionan respuestas. Nos dan la impresión de que afinan nuestra percepción, ya que con frecuencia actuamos o pensamos de una manera que las valida. Sin embargo, entre nuestra percepción y la realidad, la brecha a veces es enorme. ¿Y si hubieras tenido seguridad en aquella mesa y cautivado a tu audiencia?

Nuestras creencias limitantes nos protegen

Nos impiden intentar lo imposible, salir de nuestra zona de confort, probar y… ¡perder! Al menos, no corremos ningún riesgo. Cuando estás seguro de que no dominas el francés, por ejemplo, ni siquiera intentarás progresar y evitarás a toda costa dirigirte a un mesero parisino. Sin duda nos libran de hacer el ridículo o de caer en alguna situación embarazosa… ¡pero también nos impiden progresar!

Supera tus creencias limitantes para ampliar tus conocimientos

Aunque nuestras creencias limitantes nos tranquilizan, responden a nuestras preguntas y nos protegen, no tienen nada que ver con la realidad. Pertenecen solo a *nuestra* realidad. No hace falta decir que con frecuencia nos inducen a error y que, por su culpa, pensamos que somos incapaces de evolucionar en el ámbito del aprendizaje. Debemos empezar por suprimir o superar nuestras creencias limitantes para continuar desarrollando nuestro conocimiento.

Deconstruir las creencias propias implica cuestionarse a uno mismo, actualizando nuestro sistema habitual de pensamiento. De hecho, es el primer paso para convertirnos en actores de nuestra propia vida, para tomar o retomar el control de nosotros y activar nuestro potencial ilimitado. ¿Por qué quedarnos detenidos en las creencias, cuando podemos superarlas, ir más allá y avanzar?

¡Porque es más fácil decirlo que hacerlo! Puede parecer muy difícil suprimir o superar las creencias limitantes, ya que están impresas en nosotros y forman parte de nuestro ser desde la infancia. Pero no es imposible: pensar que lo es, esa es la creencia limitante.

Cómo deconstruir una creencia limitante en 5 pasos

1. Lo primero que tienes que hacer es identificar tus creencias. Todos los días presta atención a los pensamientos que cruzan

por tu mente. Las frases que resuenan en tu cabeza, susurradas por una vocecita imperativa y severa, con frecuencia suelen ser creencias limitantes. Podemos reconocerlas porque suelen empezar con *debo* o *tengo que*, prueba de que tenemos ideas preconcebidas sobre ciertos temas («Debo llegar a tiempo, de lo contrario me despedirán», «Tienes que dominar la contabilidad para abrir tu propio negocio...»). Todas las frases que comienzan con «Lógico, esto es así porque yo...» pertenecen también a la categoría de las creencias limitantes, porque invocar a la lógica supone partir del principio de que las cosas son así y no de otra manera por causa nuestra. Por último, aquellas que contienen valoraciones como *demasiado* y *no lo bastante/suficiente* también merecen nuestra atención: «Soy demasiado estúpido...», «No soy lo bastante emprendedor...».

2. A continuación, es útil identificar las creencias limitantes que nos bloquean, sobre todo para conseguir nuestros objetivos o durante nuestro aprendizaje, como «No tengo memoria», «Nunca entiendo nada de lo que leo», «No pongo atención», «No soy buen orador, nunca podré vender mi proyecto».

3. Te sugiero que escribas tus creencias limitantes en un papel para poder exteriorizarlas, sacarlas fuera de ti mismo y crear cierta separación entre ellas y tú. Esto te permitirá tomar conciencia de que no eres lo que piensas.

4. Cuando formules una creencia limitante negativa, en voz alta o en tu cabeza, juega con ella añadiéndole la palabra *todavía*. Si crees que no eres bueno en contabilidad, corrígelo diciéndote a ti mismo: «*Todavía* no soy bueno en contabilidad», porque proyectas aprender y sabes que puedes hacerlo.

5. ¡Actúa! Eso es lo que haremos a lo largo de este libro. Tomar medidas es valioso porque permite confrontar las creencias limitantes con la realidad. Mediante este ejercicio nos damos cuenta de nuestras habilidades. ¿Crees que todavía no eres capaz de hacer una lasaña? Cocínala una, dos, tres veces, hasta que puedas ofrecer un buen plato a tus invitados. Tu cerebro cambiará tu forma de pensar, se dirá a sí mismo que es posible y tu creencia limitante se desmoronará.

¿Qué pasa con las creencias de apoyo?

Algunas de nuestras creencias no son limitantes; por el contrario, nos sostienen, es decir, nos brindan apoyo e impulso. Deberíamos hacer otra lista con ellas y utilizarlas cuando sea necesario. Se trata de creencias positivas: «Soy muy bueno para la costura», «Tengo una memoria de elefante…». Mantén estas creencias dentro de ti y consérvalas. También hay que saber que no hay por qué sobresalir en una determinada disciplina para desarrollar una creencia de apoyo. Ser brillante en un campo no nos protege contra errores y fracasos. Tenemos derecho a no ser buenos todos los días. Sería una pena dejar de lado algunas creencias de apoyo con el pretexto de que a veces nos equivocamos.

Cuando hayas identificado tus creencias de apoyo asegúrate de que no te limiten, porque este tipo de creencias también pueden ser restrictivas. ¿Tienes claro que la costura se te da genial? Perfecto, pero no tanto si te quedas ahí y no te atreves a ponerte a cocinar.

También hay que tener cuidado con el peso de las creencias de apoyo: si algunas sugieren que somos muy talentosos en varias disciplinas, es mucho mejor. Pero también pueden evitar que aprendamos y profundicemos más, en ellas o en otras, si nos llevan a pensar que ya lo sabemos todo y que no hay necesidad de ir más allá. Sin embargo, nunca dejamos de aprender y, aunque ya seamos competentes en una materia, lo más probable es que esta sea infinita. ¡Como nosotros! Entonces, vale la pena seguir profundizando en ella.

Detecta a tu saboteador interno

Todos tenemos un pequeño saboteador en nuestro interior. ¿En qué consiste su trabajo? En recordarnos nuestras creencias limitantes, evitar que actuemos y conseguir que permanezcamos en nuestra zona de confort. ¡Porque no le gusta el cambio en absoluto! Se hace oír con bastante claridad, diciéndonos, por ejemplo:

«No hagas esto, va a salir mal», «Eres incapaz, ni siquiera vale la pena que lo intentes», etc. Tal vez pensemos que es nuestra intuición la que nos advierte, pero la intuición, aunque a veces sea negativa («Esta cita no pinta bien», o «Siento que esta persona quiere hacerme daño...»), es mucho menos dura con nosotros mismos. Más bien nos invita a sospechar, a reflexionar, mientras que el saboteador es agrio y severo, incluso tiránico: nos impide actuar, porque es el portavoz de nuestras creencias. Pero así es como lo reconoceremos: suele decirnos lo mismo todo el tiempo, utilizando siempre las mismas palabras para denigrarnos. ¡La intuición, sin embargo, nunca nos descalificará!

Por eso es tan importante aprender a detectar a nuestro saboteador interior: para apartarlo de nuestro camino.

Cómo librarte de su saboteador interno en 5 pasos

1. Puedes ponerle un nombre o asociarlo a una imagen, como la de Superman, que me gusta especialmente ya que un saboteador piensa siempre que es un superhéroe: irrumpe en nuestros pensamientos con el propósito de salvarnos, ¡solo que no nos salva! Cuando visualizamos a nuestro saboteador interno podemos pensar: «Okey, ya está ahí Superman, adoptando medidas drásticas», lo que nos ayudará a poner distancia y recuperar el control sobre nuestros pensamientos y comportamientos, en lugar de seguir sus directrices.

2. Juega a contrarrestarlo reformulando las creencias que te susurra al oído. Si dice «Nunca lo lograrás», corrígele: «Lo conseguiré pronto». Este ejercicio mental es un salvador. A fuerza de practicarlo el cerebro aplica estos «contraataques» por sí solo y nuestra forma de pensar cambia.

3. Identifica tus estrategias autolimitantes, porque el saboteador no solo nos envía palabras de bloqueo, sino que hace de todo para que saboteemos lo que vayamos a hacer antes siquiera de intentarlo. Por ejemplo, ir a beber con amigos el día antes de una entrevista de trabajo, ¿no es, en el fondo, una buena estrate-

gia para que la entrevista salga mal? Hay otras, como llegar siempre tarde, olvidarse de llamar a alguien por teléfono… ¡El saboteador se encarga de todo cuando sabe que tememos una situación o no nos sentimos a la altura!

4. Busca alegría a tu alrededor y aprende a ser feliz. Cuanto más disfrutes de los pequeños placeres de la vida menos se manifestará tu saboteador, porque le resulta difícil hacerse oír cuando somos felices. Por el contrario, cuando nos centramos en lo negativo, nuestro saboteador tiene mucho espacio para expresarse.

5. Deja de usar la palabra *pero*: «Podría hacer un curso de sofrología que me interesa, *pero* no tengo tiempo…». Siempre tenemos una buena excusa. Sin embargo, esto se puede corregir reemplazando el *pero* por «¿qué pasaría si…?». ¿Y si, en realidad, sí tuviera tiempo?

Los sesgos cognitivos que nos bloquean

Cuando descubrimos que tenemos creencias que nos controlan, e incluso un saboteador que nos gobierna en ciertas ocasiones, es fácil entender hasta qué punto nos limitamos a nosotros mismos. Sin embargo, podríamos ser ilimitados, descubrir nuevas actividades, leer docenas de libros al mes o aprender un nuevo oficio. Es como si nuestro cerebro, muy a pesar suyo, ahogara nuestro potencial con el único propósito de protegernos y evitar que corriéramos el más mínimo riesgo.

¿Sabías que, para cumplir esta misión, nuestro cerebro también se guía por ciertos «reflejos» que pueden llevarnos a tomar malas decisiones? Estamos hablando de los llamados «sesgos cognitivos». La teoría de los sesgos cognitivos fue desarrollada en la década de 1970 por los psicólogos Daniel Kahneman y Amos Tversky, que intentaban comprender por qué la adopción de determinadas decisiones era irracional en el ámbito de la economía.[4]

[4] Daniel Kahneman y Amos Tverski, «Prospect Theory: An Analysis of Decision under Risk», *Econometrica*, 47/2, 1979.

Un sesgo cognitivo es un patrón de pensamiento engañoso. Podría definirse como un tipo de pensamiento que toma atajos y llega a conclusiones apresuradas. Los sesgos cognitivos tienen su utilidad, pero a veces dificultan la evolución de nuestro pensamiento, el aumento de conocimiento y la amplitud mental.

Existen numerosos sesgos cognitivos. Aquí analizaré los que más intervienen en nuestras creencias. La clave no está en anularlos, ya que pueden ayudarnos a razonar, sino aprender a identificalos para atrevernos, cuando sea necesario, a ponerlos en cuestión.

El sesgo de confirmación

Es el hecho de retener solo la información que nos conviene, porque va en la misma dirección que nuestras creencias. Nuestro cerebro procura evitar disonancias y, en cierto modo, «clasifica» la información. De este modo, si estamos convencidos de que se nos da fatal hablar en público y, pese a ello, salimos airosos de una exposición oral, en lugar de recordar que lo hicimos bien nos quedaremos con los pequeños fallos que pudimos tener o, peor aún, llegaremos incluso a alterar nuestra memoria para que esté de acuerdo con nuestra creencia. Diremos: «¡Lo hice muy mal!», porque confirma lo que creemos saber.

¿Qué sucede cuando nos damos cuenta de este sesgo? Pues que somos conscientes de que nos estábamos quedando solo con la información que nos daba la razón y descartábamos la que no nos convenía. Por tanto, es una oportunidad para analizar la información que rechazamos, para ampliar nuestra forma de pensar. ¿Y si me equivoqué? ¿Y si, en realidad, hice bien mi exposición oral? ¿Y si el cumplido que me dio mi compañero iba en serio?

El sesgo de creencia

A diferencia del sesgo de confirmación, que nos empuja a retener la información que nos conviene una vez que la situación o la conversación ha terminado, el sesgo de creencia nos coloca inmediatamente en la postura del «¡Lo sabía!». En otras palabras, es el hecho de esperar una conclusión o un resultado específico y, por tanto, rechazar la conclusión «real» o el resultado «real». Si esperamos que 2+2 sean 8, independientemente de los argumentos y la demostración de nuestro interlocutor, terminaremos la conversación convencidos de que tenemos razón. ¿Cómo es posible? Durante la conversación, prestamos atención a las pistas que nos convenían, ignorando aquellas que no lo hacían pero que, sin embargo, eran racionales. Si alguien me dice que los libros de mil páginas suelen ser difíciles de leer, pero que mi nuevo libro de mil páginas es muy fácil, seguiré pensando que es difícil de leer, como la mayoría de los libros de mil páginas, porque eso es lo que tenía en mente incluso antes de que mencionaran tal argumentación.

¿Qué sucede cuando nos damos cuenta de este sesgo? Tenemos que abrir la mente y aprender a dejar de lado nuestra propia realidad. Hay que prestar atención a todas las pistas, a toda la información, y aceptar que la conclusión de una conversación o de una situación no es la que habíamos imaginado. Es muy liberador. Nos permitirá aprender, cambiar nuestra visión del mundo.

El sesgo negativo

Es la tendencia que tenemos a dar más peso a las experiencias negativas que a las positivas, de modo que amplificamos nuestros fracasos al tiempo que minimizamos nuestras victorias. A nuestro cerebro les encantan los vasos medio vacíos.

¿Qué sucede cuando nos damos cuenta de este sesgo? Comprendemos que, si ahora lo vemos todo negro, es porque nuestro cerebro lo decidió así. Mientras, en lo más profundo de nuestro interior, se perfila un vaso medio lleno que podemos hacer que salga.

El sesgo de halo

Es el hecho de pensar bien o mal de alguien *a priori*, antes de conocerlo realmente. Si creemos de antemano que una persona tiene mal humor, malas intenciones o es irrespetuosa únicamente veremos estos rasgos de su carácter y la descalificaremos con antelación, porque nuestra primera opinión influye sobre nuestra percepción. Por tanto, damos pocas oportunidades a los demás y, sobre todo, no los escuchamos como deberíamos. Por ejemplo, si pensamos mal de un profesor, por la razón que sea, no tomaremos en serio sus consejos, que pueden ser buenos. Y, por su parte, si él se da cuenta de nuestra actitud y empieza a pensar que somos malos alumnos, nos transmitirá menos conocimientos, convencido de que no podemos comprenderlos.

¿Qué sucede cuando nos damos cuenta de este sesgo? Pues que conoceremos a gente que nos sorprenderá y mejoraremos nuestras relaciones con los demás, al darles la oportunidad que se merecen.

El sesgo de conformidad

Es la tendencia a actuar como la mayoría. Al seguir al grupo buscamos ser aceptados por él. Cuando somos estudiantes este sesgo se expresa frecuentemente: queremos repasar nuestros apuntes, pero si los compañeros nos animan a salir terminaremos dejando de lado nuestro objetivo principal para unirnos al grupo. Este sesgo sigue presente en nuestras vidas: si por la noche toda la familia ve la televisión, no nos atrevemos a abrir un libro para no desentonar. Nos plegaremos a la voluntad mayoritaria y adquiriremos esos mismos hábitos.

¿Qué sucede cuando nos damos cuenta de este sesgo? Pues que comprendemos que muchas de nuestras acciones se producen con el único propósito de ser aceptados. Por tanto, es una oportunidad para preguntarnos por nuestros deseos más profundos y hacerles un hueco en nuestra vida diaria. Nos ayudará a imponer nuestros propios deseos.

Dando un paso más allá, tomar conciencia del sesgo de conformidad puede animarnos a asociarnos con personas que también están evolucionando. Personas que podrán apoyarnos en nuestras ideas porque tendrán un enfoque similar al nuestro. Entenderán nuestros deseos de probar nuevas actividades y la necesidad de pensar en nosotros mismos y en nuestras metas.

El sesgo de autoindulgencia

Es el hecho de atribuirnos el mérito exclusivo de todas las victorias y acusar al mundo exterior de nuestros fracasos. En resumen: todo lo que funciona es gracias a nosotros, todo lo que falla es culpa de los demás. Este es un sesgo útil para la autoestima, pero nos impide cuestionarnos a nosotros mismos.

¿Qué sucede cuando nos damos cuenta de este sesgo? Nos permite enfrentamos a nuestros fracasos, reconociendo que, en algunos casos, somos responsables. Esto nos ayudará a aprender de nuestros errores, recuperarnos y volver a intentarlo.

El sesgo de omisión

Es el hecho de preferir no hacer nada en lugar de actuar. En general, lo que se esconde detrás de este sesgo es el miedo, porque nos da miedo intentarlo y fracasar, o causar daño. Encontramos excusas para no empezar a hacer las cosas.

¿Qué sucede cuando nos damos cuenta de este sesgo? Pues que la próxima vez que tengamos el impulso de actuar lo haremos, porque sabremos que es el cerebro quien nos hace creer que es mejor permanecer inmóvil.

El sesgo del exceso de confianza, o efecto Dunning-Kruger

Este sesgo cognitivo provoca que los individuos menos cualificados en un campo sobrevaloren sus habilidades. Por el contrario, los más cualificados tenderán a subestimarse. Podemos comparar este sesgo con otro, el de la ilusión de conocimiento, que describe cómo podemos creernos muy buenos en determinada área o expertos en un tema simplemente porque estamos familiarizados con ellos.

¿Qué sucede cuando nos damos cuenta de este sesgo? Todo depende de en qué lado estemos: si estamos convencidos de que somos muy competentes, podemos quedarnos atascados en nuestro aprendizaje porque no vemos la manera de profundizar. Si estamos convencidos de que somos incompetentes también hay muchas posibilidades de que bloqueemos nuestro aprendizaje, esta vez porque consideramos que es un esfuerzo en vano. Ser consciente de este sesgo puede ayudarnos a elegir una posición intermedia. Ante un asunto concreto podemos preguntarnos: ¿y si no lo sabemos todo? O, por el contrario: ¿y si resulta que sabemos más de lo que creemos? En ambos casos querremos aprender y progresar, pues habremos aceptado no saberlo todo o, al menos, habremos comprendido que somos capaces de progresar.

Eres ilimitado

Como ya vimos, estamos hechos de límites. Se manifiestan a través de nuestras creencias, nuestro saboteador interior se encarga de regresar nuestros pies a la tierra si nos atrevemos a creer en nosotros y muchos sesgos cognitivos refuerzan esa situación proponiendo atajos a nuestros pensamientos. Por eso tenemos una tendencia natural a estancarnos. No vemos qué interés puede tener intentar crecer, cambiar, aprender cosas nuevas, abrir nuevas puertas... Porque estamos convencidos de que no podemos hacer más, de que no podemos hacer otra cosa. Una pena. Pero no solo es una pena, sino que también es perjudicial: ¿cuántos de nosotros no confiamos en nosotros mismos?

Todos tenemos límites y, al mismo tiempo, somos... ilimitados. Esta contradicción está en el centro de todo mi trabajo. No dejamos de ponernos límites, cuando seríamos capaces de mucho más. Somos capaces de aprender, de ejercer mil oficios, de transmitir, de tener éxito en el ámbito que elijamos. Nuestro potencial no tiene límites: superemos por tanto los nuestros para que él pueda expresarse. Dejemos de pensar que el lugar que ocupamos es el único al que podemos acceder, que no tenemos el tiempo o las habilidades necesarias para aprender y emprender. Lo imposible y lo posible solo son cuestiones de percepción. ¡Decidamos que es posible!

Sea cual sea tu proyecto, sean cuales sean tus objetivos y deseos, puedes hacer todo lo posible para lograrlo, porque eres ilimitado. No hay que creer lo contrario, no debemos creer en nuestros pensamientos limitantes, sino corregirlos cuando surjan. Reprogramar nuestro lenguaje interno es reprogramar nuestra visión del mundo y, por tanto, reprogramarse a sí mismo. Al cambiar nuestra concepción de las cosas, nos transformamos, y así es como se revela todo nuestro potencial.

Quédate con esto:

- Nuestros pensamientos dibujan nuestra realidad y nos condicionan.
- Todos estamos sujetos a creencias personales: creemos que somos fuertes o débiles, dotados para una disciplina y muy malos en otra. Se dice que estas creencias son limitantes cuando nos impiden actuar.
- Interiorizamos nuestras creencias desde una edad temprana y especialmente en la escuela, a través de los mensajes de nuestros profesores.
- Para volvernos ilimitados lo primero que debemos hacer es creer que es posible e identificar nuestras creencias limitantes para, a continuación, deshacernos de las que nos impiden serlo («Eres negado», «Nunca podrás leer un libro», «No sabes concentrarte», «Nunca podrás aprender la historia de España porque no eres lo suficientemente inteligente»).
- Es posible suprimir estas creencias y corregirlas. Cuando nos llega un pensamiento negativo, debemos darnos cuenta y rechazarlo. Nuestras creencias no están grabadas en mármol: podemos reprogramarnos.

3

EL CEREBRO Y EL PROCESO DE APRENDIZAJE

> Sabía muy bien que mi cerebro era una rica cuenca minera, con una extensión enorme y muy variada de valiosos yacimientos. Pero, ¿tendría tiempo para explotarlos?
>
> MARCEL PROUST[1]

Suelo decir que nos volvemos ilimitados tan pronto como nos damos cuenta de que podemos serlo, de ahí la necesidad de ir más allá de nuestras creencias limitantes. Pero, si somos capaces de volvernos ilimitados, es también gracias a nuestro cerebro. En un segundo paso, por tanto, es necesario conocer y comprender su funcionamiento para utilizarlo de la mejor manera posible.

Para ser eficiente, es decir, para aprender lo máximo posible en un mínimo de tiempo, es esencial descubrir las complejidades del cerebro y sus necesidades, para convertirlo en nuestro auténtico aliado. De la misma manera que no se empieza a jugar tenis sin dominar las reglas del juego, no se puede emprender el camino del aprendizaje sin dominar los secretos de la propia maquinaria cerebral.

TU CEREBRO PUEDE HACERLO

A finales del siglo XX los científicos hablaron por primera vez de la noción de «plasticidad cerebral». Esto significa que el cerebro

---

[1] Marcel Proust, *Le temps retrouvé*, París, Gallimard, 1927. (M. Proust, *El tiempo recobrado*, trad. Consuelo Bergés, Aguilar, Madrid, 1981, tomo VII. *N. de la T.*).

no es, como habíamos creído durante años, una estructura fija y rígida, sino que es capaz de remodelarse constantemente en función de nuestras experiencias. Este descubrimiento desafiaba también la idea de que la materia cerebral ya no se desarrollaba en la edad adulta o, peor aún, que se degradaba con la edad. Aun así, muchos de nosotros todavía creemos que el cerebro pierde capacidad a medida que cumplimos años. Esto no es cierto: se forman nuevas conexiones cerebrales a cualquier edad. Nuestro cerebro puede desarrollarse, adaptarse y reaccionar ante la información que le enviamos.

Es precisamente hablando de esta propiedad del cerebro como suelo comenzar cada uno de mis cursos. También hago hincapié en que las neuronas nacen continuamente. Esto se llama *neurogénesis*, un proceso que es más intenso durante los primeros años de nuestras vidas porque nuestros circuitos neuronales se adaptan al flujo masivo de información sensorial que recibimos del mundo exterior, un fenómeno que se mantiene a lo largo de nuestra existencia y en el que es posible intervenir.

Ser conscientes de la plasticidad cerebral es una de las claves de la motivación. Si crees que tu cerebro no puede hacerse más eficiente, o que envejece con la edad hasta el punto de que te resultará imposible aprender, entonces no aprenderás nada: es una predicción autocumplida. Si, por el contrario, estás convencido de que puedes ejercitar y desarrollar tu cerebro, entonces te harás ilimitado.

La formación es la clave. El cerebro se estanca cuando dejamos de utilizarlo y funciona cuando lo hacemos trabajar con regularidad. Cuanta más experiencia adquiere, más eficiente resulta. Por eso, en última instancia, el paso del tiempo está lejos de ser un enemigo del aprendizaje. Lo veo en mis alumnos día tras día y en todas las edades.

Tu cerebro necesita aprender

Para desarrollar sus habilidades nuestro cerebro necesita ser utilizado. Cuanto más se enfrenta a la novedad, más se desarrolla.

Cada vez que aprendemos algo, cuando adquirimos conocimiento, nuestro cerebro establece nuevas conexiones sinápticas y se crean neuronas para procesarlas y preservarlas. Cuando más adelante repetimos la información aprendida, las neuronas involucradas refuerzan sus conexiones.

Si nuestro cerebro carece de estimulación, deja de crear neuronas nuevas y nuevas conexiones neuronales. Esa es una de las razones por las que no soy un gran defensor de las vacaciones: descansar físicamente es bueno, pero al cerebro no le gusta. Le encanta que le alimenten. Cuando hablo de lectura rápida con frecuencia digo que «la lectura es para el cerebro lo que el alimento es para el cuerpo», y esto es cierto con el aprendizaje en general. El aprendizaje nutre el cerebro constantemente.

Por supuesto, es posible que durante las vacaciones no queramos aprender, pero se puede leer una novela y buscar el vocabulario que no conozcamos, visitar un museo e incluso hacer crucigramas. Estas actividades permiten mantener un ejercicio intelectual regular; la regularidad es un concepto clave en el aprendizaje, como también lo es en la práctica de ejercicio físico.

La importancia del sueño en el aprendizaje

Nuestro cerebro puede con todo, pero no podría hacerlo… sin dormir. Dormir bien no solo es básico para el proceso de aprendizaje, también lo es para alcanzar el conocimiento ilimitado.

¿Qué sucede en nuestro cerebro durante el sueño?

El cerebro se regenera

Imagina que mientras duermes tus neuronas realizan un proceso de limpieza. Cuando te despiertas, el cerebro está «fresco» y puedes aprender o trabajar con gran claridad mental. La falta de sueño, por otro lado, ralentiza la limpieza de las neuronas. El «reseteado» no funciona. Además de estar físicamente agotado, cuando te despiertas descubres que tu cerebro es menos eficiente, menos claro. Muchos estudiantes duermen menos durante el periodo de exámenes para estudiar al máximo. Sin embargo, cuando estamos cansados, no trabajamos tan bien y, cuanto menos dormimos, menos preparado está nuestro cerebro para trabajar.

El cerebro es el soporte de la memorización

Durante el sueño nuestro cerebro clasifica la información. Rechaza lo que considera superfluo y se queda con lo esencial. Podemos visualizarlo como una especie de disco duro de alto rendimiento que necesita quedarse un tiempo en suspenso para completar correctamente su proceso de almacenamiento. Por tanto, si dormimos bien, retenemos mejor la información importante y nos deshacemos de los datos contaminantes, que ocupan un espacio mental superfluo.

El cerebro regula nuestras emociones

Después de una buena noche de sueño estamos emocionalmente más tranquilos. Nos sentimos capaces de pensar, de analizar, de volver a la lucha, porque nuestras emociones ya no están al volante. Gracias a esta distancia que establecimos con las emociones estamos más serenos y, por tanto, somos más capaces de trabajar y concentrarnos.

Aprender antes de dormir, ¿una buena técnica?

Durante el sueño el cerebro organiza en compartimentos idóneos toda la información que queremos conservar. De hecho, muchas personas piensan que es una buena idea aprender antes de irse a dormir porque creen que así será más fácil recordar lo que leyeron. ¡Falso! Aunque una cosa sí es cierta: antes de acostarse sí es bueno leer algo que ya se haya aprendido durante el día. Es una forma de indicarle a nuestro cerebro que esta información es importante para nosotros y que queremos que la conserve con el mayor cuidado.

También se puede leer lo que se quiera aprender al día siguiente, para «preparar» el cerebro para esa tarea. Así, al día siguiente, cuando nos pongamos a trabajar, la información será perfectamente accesible y podremos sumergirnos en ella, lo que facilitará el trabajo. En definitiva, no hay necesidad de «aprender mucho» por la noche y poner mucha energía en ello porque el cerebro está demasiado cansado para memorizar, pero se puede hacer para insistir en la información que se desea retener o para anticipar una sesión de trabajo.

El estado alfa y los tres cuerpos

Nuestro cerebro emite ondas, que son signos de actividad cerebral y varían según lo que estemos experimentando o las tareas que realicemos. Si lleváramos un casco de electrodos permanentemente en la cabeza podríamos observar la actividad eléctrica de nuestro cerebro al reaccionar ante nuestros distintos estados mentales (sueño, ira, relajación...) y trazar un electroencefalograma —que es para el cerebro lo que el electrocardiograma es para el corazón— que los reflejara.

Hay cuatro tipos de ondas y, por tanto, cuatro estados de conciencia.

Las *ondas beta* tienen una frecuencia de 14 a 30 Hz. Estamos en un estado beta cuando nos encontramos bajo algún tipo de estímulo (actividad mental importante, estrés, agitación, impaciencia...). Este es el estado más «alto» o intenso. Las *ondas alfa* se encuentran justo debajo, y van desde 9 a 13 Hz. Corresponden a un estado de conciencia tranquila, como en la meditación. Son sinónimo de calma. Luego están las *ondas theta* (4 a 7 Hz), que generan una relajación muy profunda (hipnosis, meditación intensa...). Finalmente, las *ondas delta* (1 a 5 Hz), las más débiles, que se emiten durante el sueño.

Lógicamente, el aprendizaje requiere un estado alfa, es decir, un estado de relajación. Es el estado intermedio: no estamos ni demasiado agitados ni enojados, tampoco en el límite del sueño.

Hablando de forma más metafórica, me gusta decir que el estado alfa es la sincronización de nuestros tres cuerpos —el cuerpo físico, el cuerpo mental y el cuerpo emocional— en una frecuencia sosegada. Por lo tanto, debemos alinearlos para estar en un estado interno de paz y dispuestos a aprender. Más concretamente, para aprender bien y dedicarse a un objetivo es necesario estar:

- Físicamente relajado.
- Mentalmente sereno, libre de cualquier pensamiento invasivo.
- Emocionalmente estable, porque cuando las emociones se desbordan desvían nuestra atención hacia ellas.

Con frecuencia sucede que nuestros tres cuerpos no están alineados. Por ejemplo, podemos estar tensos (cuerpo físico) debido a una gran ira (cuerpo emocional), mientras que nuestro cuerpo mental insiste en llamarnos a la calma. A diferencia de los otros dos cuerpos, nuestro cuerpo mental tiene una perspectiva de la situación, pero no logra apaciguar a sus compañeros. En otros casos, estamos en buena forma física, pero seguimos dándole vueltas a algún asunto que nos preocupa (cuerpo mental) y esto nos provoca estrés (cuerpo emocional).

3 técnicas para alcanzar el estado alfa

Estas tres técnicas se acoplan perfectamente entre sí. Puedes utilizarlas al mismo tiempo, porque juntas suman.

- Proponte trabajar más por la mañana, ya que en ese momento nuestros diferentes cuerpos están calmados tras el periodo de sueño.
- Tómate cinco minutos para sentarte y concentrarte en tu objetivo de aprendizaje. Volver al momento presente es

una excelente manera de sincronizar los tres cuerpos. Si estamos usando teléfono o en la mesa y queremos ponernos a leer, es mejor que nos demos un momento de transición, porque los tres cuerpos todavía están en la escena anterior (en la postura anterior, la conversación previa, la emoción pasada...). Siempre hay que tomarse un tiempo para pasar de una acción a otra.

- Practica la coherencia cardiaca, que veremos a continuación, ya que esta técnica respiratoria favorece «un aumento en el número de ondas alfa cerebrales».[2]

La técnica de la coherencia cardiaca

Inventada por el doctor David O'Hare,[3] la coherencia cardiaca es un método de autorrelajación. Personalmente me parece sumamente efectivo y mis alumnos, cuando lo descubren, también coinciden conmigo.

La coherencia cardiaca nos propone respirar según un esquema particular, el «3-6-5», llamado así por su creador ya que consiste en practicarlo 3 veces al día, con 6 respiraciones por minuto, durante 5 minutos. Se considera que sus beneficios duran 6 horas.

Generalmente se practica sentado, con la espalda recta. Consiste en lo siguiente:

- Inhalar durante 5 segundos, inflando el abdomen.
- Exhalar 5 segundos, desinflando el abdomen.
- Repetir ambos movimientos respiratorios durante 5 minutos.

---

[2] Coherence Info y el instituto de formación Equilibios David O'Hare son referentes en coherencia cardiaca.

[3] David O'Hare, *Cohérence cardiaque 3.6.5*, Vergèze, Thierry Souccar, 2012. (D. O'Hare, *Coherencia cardiaca 365*, trad. Dylan Hansen, Macro Ediciones, Barcelona, 2021. *N. de la T.*).

Este protocolo aumenta las ondas alfa, que «favorecen la memorización y el aprendizaje»[4] y, adicionalmente, tiene la capacidad de calmarnos al reducir nuestros niveles de cortisol —la hormona del estrés—, exactamente lo que necesitamos para favorecer la concentración y el aprendizaje. Por eso la coherencia cardiaca es un estilo de vida y por eso tiene sentido utilizarla antes de cada sesión de aprendizaje o de trabajo.

Para acompañar esta práctica se puede recurrir a aplicaciones como Respirotec. Una vez dominada la técnica se puede prescindir del dispositivo y bastará, por ejemplo, con acompañar la respiración con la ayuda de nuestra mano: durante los 5 segundos de inhalación se abre la mano y durante los 5 segundos de exhalación se cierra en un puño. Este pequeño movimiento nos servirá de guía, sin necesidad de usar el celular.

Aprender con las emociones adecuadas

Me gustaría insistir el papel de las emociones, porque no solo son enemigas del aprendizaje. Hay una diferencia notable entre nuestras emociones diarias, las que habitan nuestro cuerpo emocional y pueden alterar el aprendizaje, y las que nuestra voluntad hace aparecer, intencionadamente, con el único propósito de retener lo que leemos o descubrimos.

Identificamos seis emociones primarias, tal y como afirma el psicólogo estadounidense Paul Ekman:[5] alegría, ira, disgusto, tristeza, sorpresa y miedo. No todas son positivas, pero todas ellas nos pueden servir de apoyo en el proceso de memorización. Si te pregunto dónde estabas el 11 de septiembre de 2001 es muy probable que lo recuerdes gracias a las emociones que los sucesos de aquel día te provocaron (sorpresa, miedo…), que vienen más

---

[4] *Ibid.*

[5] Paul Ekman y Wallace V. Friesen, «Constants Across Cultures in the Face and Emotion», *Journal of Personality and Social Psychology*, 17/2, 1971, págs. 124 y 129.

fácilmente a la memoria que los datos puramente objetivos, al igual que se recuerda mejor un encuentro romántico (alegría) o una ruptura (tristeza, ira…). Por eso, es esencial aprender con emociones «correctas». En el capítulo 6 veremos que juegan un papel muy importante en la mayoría de las técnicas de memorización y aprenderemos a apoyarnos en ellas con criterio.

Cómo aprender mejor: las 7 leyes del cerebro

Un cerebro descansado es un cerebro funcional en el que podemos confiar. Dormir bien y controlar el estrés son dos formas de cuidar tu cerebro y hacerlo más receptivo. Y, además, el funcionamiento del cerebro tiene algunos secretos que favorecen el aprendizaje: algunas de sus características nos ayudan a aprender. Para llegar a ser ilimitados, debemos conocerlos.

1. El cerebro borra

Nuestro cerebro solo registra información útil, de lo contrario se vería desbordado, de ahí el interés de establecer metas e indicar a nuestro cerebro la información que queremos recordar.

En acción. Proponte un objetivo: recordar. Muchas personas, por ejemplo, no retienen los nombres de pila de los demás. Para que esto cambie solo tienes que decirte a ti mismo: sí, quiero recordar el nombre de pila de esta persona. ¡Pruébalo, ya verás!

2. El cerebro es plástico

Como dije en la introducción, cuanto más se estimula el cerebro más se desarrolla. Se suele comparar el cerebro con un músculo que necesita entrenamiento. También se puede comparar con un bosque inexplorado, que nunca nadie ha atravesado todavía. Pero, a medida que algunos valientes se atreven a adentrarse en la espesura, se van abriendo caminos, trazando rutas, y es posible transitarlo aunque sea parcialmente. Con el tiempo, las rutas se van ampliando y multiplicando. A fuerza de recopilar información, la mielina —esa película que protege las sinapsis— se fortalece y la conexión y comunicación entre las neuronas mejora. Nuestros cerebros son eficientes; construyen vínculos ligando toda la información que albergan, lo que nos invita a tener nuevas ideas, facilidad de comprensión, una mente más aguda, también sentido del humor…

En acción. El aprendizaje debe practicarse cada día, pero si hoy no quieres aprender al menos puedes ver un documental en la televisión. Además, hay que procurar inyectar novedad en nuestra vida diaria, exponiéndonos regularmente a nuevas experiencias.

3. El cerebro no es multitarea

Para estar más centrado y ser más efectivo es mejor enfocarse en una sola acción a la vez. Existe la creencia generalizada de que hacer varias cosas al mismo tiempo es una cualidad. Sin embargo, si hacemos cuatro cosas a la vez nuestro cerebro se dividirá en cuatro: prestará un 25% de atención a cada una, o bien un 30% a las tres tareas que quiere abordar primero y un 10% a las menos importantes. Es una ilusión pensar que aprovechamos al máximo el tiempo de esta manera. Al final el resultado puede resumirse en «Ni hago ni dejo hacer», como se suele decir. ¿No sería mejor completar una tarea al 100% que varias tareas al 25%, arriesgándonos a tener que repetirlas? ¿Por qué las personas olvidan a veces adjuntar el archivo a su correo electrónico? Porque mientras lo escribían pensaban en otra cosa; y es que nuestro cerebro no solo no es multitarea, tampoco es multipensamiento. Todos hemos tenido la experiencia de leer algo mientras pensábamos en otra cosa… y vernos obligados al poco tiempo a tener que leer de nuevo la misma frase tres o cuatro veces para comprender su significado.

En acción. Cada día practica e intenta centrar tu atención y tu concentración en una sola tarea a la vez, ni más ni menos. Poco a poco irás tomando conciencia de la importancia de estar enfocado en una sola actividad y no en varias. Se puede aplicar este principio al aprendizaje. Y si necesitas demostrarte a ti mismo que tu cerebro no puede manejarlo todo a la vez te propongo un pequeño ejercicio. Escribe en una hoja esta frase: «Desarrollo mi memoria gracias al libro *Conocimiento ilimitado*» mientras, al mismo tiempo, cuentas en voz alta de dos en dos, empezando por el número 15 (es decir: 15, 17, 19, 21...). ¿Fácil, no? Seguro que prefieres escribir primero y contar después...

4. Al cerebro le gustan los pequeños éxitos

Cada pequeña victoria nos proporciona placer, tanto que activa el llamado «circuito de recompensa» —una red de conexiones en el cerebro— y libera dopamina, un neurotransmisor, también llamada la «hormona del placer». Para entender bien el papel de la dopamina usaremos el ejemplo de una barra de chocolate: si sentimos placer cuando nos la comemos es porque el circuito de recompensa se activó y se liberó dopamina en nuestro organismo. Esta intervendrá en el proceso por el que nuestro cerebro memoriza —registra— la fuente de ese placer (recordemos el papel de las emociones en la memorización). De modo que la próxima vez que veamos una barra de chocolate desearemos comerla para revivir el mismo placer que experimentamos la primera vez. La dopamina habrá creado una clara asociación entre chocolate y felicidad. Al volver a comer chocolate repetiremos la experiencia, el circuito de recompensa se pondrá de nuevo en marcha y volveremos a producir dopamina, lo que fortalecerá positivamente la asociación chocolate-placer.

La dopamina es una poderosa aliada en el proceso de aprendizaje. Cada objetivo conseguido nos hace sentir bien y hace que queramos repetir la experiencia, conseguir otra victoria.

En acción. Si tienes un objetivo «importante» (exponer tu proyecto ante tus compañeros, hacer un cambio profesional, tomar el control de tu dieta…), tu cerebro necesitará que lo dividas en pequeños objetivos para ir paso a paso. En otras palabras, debes delimitar bien las etapas que te llevarán hasta el conocimiento y la realización de tu proyecto, sembrando el recorrido de pequeños éxitos de los que disfrutar mientras culminas tu objetivo final.

5. El cerebro funciona cuando creemos que no lo hace

Todos hemos tenido alguna «idea brillante» mientras nos bañamos, o un problema que pensábamos hace tiempo y que, de pronto, conseguimos resolver cuando ya no contábamos con ello. No hay nada místico en esto. Simplemente sucede que nuestro cerebro sigue funcionando todo el tiempo, incluso cuando pensamos que no lo hace. A veces ocurre que le damos vueltas y vueltas a un asunto, conscientemente, sin conseguir solucionarlo o encontrarle respuesta y, más tarde, gracias a que nuestro subconsciente se ha encargado de procesar toda la información de la cual disponíamos y organizarla, se produce una especie de clic. Si esto te ocurre con frecuencia, deberías llevar contigo un cuaderno en el que anotar las ideas y pistas que te vayan llegando.

En acción. Yo, por mi parte, le puse nombre a mi subconsciente. Es una forma de invocarlo para pedirle que «trabaje en mi ausencia», mientras me doy un descanso. Por tanto, cuando me enfrento a un problema y no puedo resolverlo, le envío un mensaje: que siga adelante con el asunto. Unas horas o días después, todo se ilumina. Un consejo: adquiere el hábito de hacer descansos y activar este motor invisible. Otro consejo: cuando no consigas recordar algo evita decir «Lo olvidé». Es mejor decirse: «Voy a recordarlo». Es una forma de poner en movimiento el subconsciente y hacer que la memoria trabaje.

6. El cerebro está formado por dos hemisferios

El cerebro está dividido en dos hemisferios. Cada uno procesa la información que recibimos de una manera distinta. Así, sabemos que el hemisferio izquierdo se encarga de todo lo relacionado con el análisis, la secuenciación y el detalle. Se podría decir que es el cerebro racional. El derecho, por otro lado, procesa aspectos visuales para representaciones intuitivas y globales.

Todos usamos nuestros dos hemisferios, que están conectados por el cuerpo calloso. Se comunican entre sí todo el tiempo. Sus formas de operar se complementan entre sí. Por otro lado, tendemos a usar un hemisferio más que otro. Al igual que una persona diestra utiliza naturalmente más su mano derecha y descuida la izquierda, es probable que una persona con inquietudes artísticas ejercite menos su hemisferio izquierdo. Este último se mantiene activo, pero en menor medida. En definitiva, ambos hemisferios están siempre activos, pero a veces toma las riendas uno u otro.

En acción. Veremos que, para un aprendizaje óptimo —basado en la memorización, ya que aprender sin retener no sería aprender—, necesitamos recurrir a ambos hemisferios, utilizándolos simultáneamente. Como explica Tony Buzan en su libro *Tu mente en forma*,[6] muchos de los «grandes cerebros» de la historia usaron sus dos hemisferios de una manera equilibrada. Cuanto más los desarrollemos conjuntamente, más posibilidades tendremos de desplegar todo nuestro potencial y volvernos ilimitados. Básicamente, se trata de correr con ambos pies en lugar de hacerlo solo con uno: para ir más lejos. Los mapas mentales, una herramienta formidable que consiste en tomar notas en forma de mapa mental (▸capítulo 7, «Los mapas mentales. Fundamentos»), invitan precisamente a hacer uso de ambos hemisfe-

[6] Tony Buzan, *Une tête bien faite*, París, Éditions d'Organisation, 1984. (Toda la obra de Tony Buzan ha sido traducida al castellano; este es uno de sus primeros libros, *Tu mente en forma*, trad. Giovanna Cuccia, Urano, Barcelona, 2004. *N. de la T.*).

rios. Veremos cómo nos permitirán dar un salto significativo en el aprendizaje.

7. El cerebro tiene un GPS interno

Este GPS recibe el nombre de hipocampo. Esta pequeña área del cerebro, ubicada en el lóbulo temporal medio, juega un papel esencial en la memorización porque nos permite ubicarnos en el espacio y estimar las distancias. También retiene los desplazamientos que hacemos, para que podamos reproducirlos. Este sentido de orientación espaciotemporal, específico de nuestro cerebro, es un activo en el proceso de memorización porque cuanto más dividimos espacialmente la información que deseamos hacer nuestra, mejor la podremos retener (▶pág. 91). En definitiva, debemos aprender a almacenar correctamente la información en nuestro espacio mental para que el hipocampo pueda luego conducirnos hasta ella.

En acción. Para retener un dato escríbelo en una nota adhesiva y colócala en un lugar estratégico en tu entorno personal, que identifiques bien: en el espejo de la entrada, en la puerta del refrigerador, en la de tu habitación… el que prefieras. Tendrás muchas más oportunidades de retenerlo. Veremos cómo ir más allá en el capítulo 6 (▶pág. 147).

¿Qué tipos de inteligencia tienes?

Los 9 tipos de inteligencia

¿Para qué intentar comprender el funcionamiento del cerebro si no es para definir la inteligencia? Howard Gardner, un psicólogo estadounidense que enumeró las nueve categorías de la inteligencia,[7] la

[7] Howard Gardner, *Les intelligences multiples*, París, Retz, 2008. (H. Gardner, *Inteligencias múltiples*, trad. M.ª Teresa Melero, Paidós, Barcelona, 2019. *N. de la T.*).

define como «nuestra capacidad para resolver los diversos problemas de la vida cotidiana». La inteligencia, dice Gardner, nos permite aumentar nuestro conocimiento y nuestras habilidades.

El concepto de inteligencia es extremadamente complejo y es objeto de estudio y controversia. Generalmente se opone al instinto, que algunas corrientes de pensamiento consideran una inteligencia superior pues involucra a nuestro cuerpo, a nuestros sentidos, mientras que la inteligencia «clásica» nos invita a razonar. No estoy en contra de la intuición. Pero para aprender, para consolidar nuestro conocimiento y volvernos ilimitados, debemos conocer los nueve tipos de inteligencia definidos por Gardner e identificar cuáles son los nuestros, aquellos en los que podemos confiar para aprender.

Según Howard Gardner, todos desarrollamos naturalmente de tres a cuatro tipos de inteligencia. Serían nuestras inteligencias dominantes. Te invito a que identifiques las tuyas, reconociéndolas en las definiciones siguientes.

1. ***La inteligencia lingüístico-verbal*** se refleja en el uso del lenguaje y permite desarrollar actividades como la lectura, la escritura o el relato. Refleja un gusto por las palabras. Los políticos, escritores y abogados poseen una inteligencia lingüística dominante que les permite hacer un uso eficaz del lenguaje en su profesión.

- *Para aprender con ella.* Poner las cosas por escrito, buscar palabras clave, redactar resúmenes. Si te enfrentas a algún tipo de problema es útil que lo pongas por escrito; así lo verás con mayor claridad, al igual que sus posibles soluciones. También puedes exponérselo por escrito a otra persona en un correo electrónico. Cuando se tiene este tipo de inteligencia a veces basta con escribir palabras sueltas sobre el asunto que nos bloquea para que todo se aclare, ni siquiera es necesario enviar el mensaje.
- *Para desarrollarla.* Llevar un diario, por ejemplo, o una especie de cuaderno de bitácora. Hacerlo proporciona sol-

tura en el uso de las palabras y enriquece el vocabulario. También es útil repetir en voz alta los conceptos que se quieren recordar, desarrollar sistemas mnemotécnicos, escribir resúmenes de libros. En definitiva, utiliza la magia de las palabras para aprender.

2. ***La inteligencia lógico-matemática*** se utiliza para resolver problemas complejos, establecer relaciones de causa y efecto y manejar cifras con precisión. Este tipo de inteligencia es la dominante en matemáticos, científicos y médicos.

- *Para aprender con ella.* Elaborar tablas, tanto en papel como en soporte digital; esta forma de disponer la información permite que los datos que se desea retener queden más integrados. Por ejemplo, una tabla con fechas será un buen apoyo para recordar las fechas fundamentales de un determinado periodo histórico; si se está interesado en una obra de teatro, una tabla de personajes será muy útil. Si quieres dar un paso más, apuesta por las tablas sofisticadas, los gráficos o incluso códigos de colores para ordenar la información que manejas y organizarte a diario: recados, horarios, planificaciones retrospectivas...
- *Para desarrollarla.* Practica actividades que utilicen la lógica, como juegos de estrategia, el ajedrez o las damas. Resolver rompecabezas también es muy eficaz. El objetivo es proporcionar una solución a un problema previamente identificado. Cuando participes en juegos de estrategia intenta anticiparte a los movimientos de tu oponente. Establecer una estrategia para ganar forma parte de este tipo de inteligencia.

3. ***La inteligencia interpersonal*** facilita la interacción con los demás. Adoptar los comportamientos socialmente adecuados y ser sociable son manifestaciones de este tipo de inteligencia. Está presente en profesiones orientadas a ayudar a los demás, centradas en la empatía y la comprensión del interlocutor.

- *Para aprender con ella.* Aprende de la gente, con la gente. Compartir información es valioso. Si estás terminando de leer un libro, o viste un reportaje que te gustó, comparte con otros lo que descubriste y recuerdas. El trabajo en equipo también te conviene, no dudes en asistir a conferencias, por ejemplo, para profundizar en un tema concreto. Cualquier información transmitida «por vía humana» te será más fácil de asimilar.
- *Para desarrollarla.* Puedes cultivar tu sociabilidad intercambiando ideas con amigos, haciendo nuevas amistades. La compañía de los demás se convierte en una fuente de enriquecimiento.

4. ***La inteligencia intrapersonal*** se centra en la armonía interior. Es introversión, interioridad, facilidad para cuestionarse a sí mismo, para sentirse en paz, para escuchar los deseos propios, las necesidades personales. Para desarrollarla hay que priorizar los momentos con uno mismo.

- *Para aprender con ella.* Si esta es tu inteligencia dominante te gustará trabajar solo, en una burbuja. Busca estos momentos para aprender, porque tu concentración estará al máximo. Fomenta las preguntas reflexivas que te haces: necesitas discutir contigo mismo toda la información que descubres. No evites esos diálogos internos ni tampoco los debates que entablas en tu interior que tanto le gustan a tu cerebro. Darle vueltas a la información que recibes y evaluarla para retenerla forman parte de ti.
- *Para desarrollarla.* La soledad te invita a investigar dentro de ti, en tus deseos más íntimos, y te ayudará a encontrar tu propio camino, a abrirte más fácilmente al cambio. No tengas miedo de pasar tiempo a solas.

5. ***La inteligencia espacio-visual*** es la capacidad de representación espacial de la mente. Permite imaginar una idea y traducirla visualmente por medio de un dibujo, un esquema, un mapa... Este tipo de inteligencia se encuentra en arquitectos, diseñadores y también fotógrafos. Se basa en la representación visual de los elementos.

- *Para aprender con ella.* Representa visualmente la información que quieres asimilar mediante dibujos, gráficos o usando mapas mentales —esta herramienta se apoya particularmente en la inteligencia espacio-visual (▸capítulo 7: «Los mapas mentales. Fundamentos»)—, porque necesitas *ver* lo que aprendes, que tome forma y se materialice de forma visual lo más claramente posible. Recuerda también el truco de la nota adhesiva que sugerí antes.
- *Para desarrollarla.* Actividades como el diseño o la pintura permiten representar la realidad a través de imágenes. La fotografía también ayuda a cultivar este tipo de inteligencia.

6. ***La inteligencia kinésico-corporal*** consiste en utilizar las propias habilidades físicas como parte del aprendizaje o en el proceso de memorización. Se refiere al movimiento y control del cuerpo. Está muy desarrollada en deportistas de alto nivel, pero también en cirujanos que necesitan un control total de su cuerpo para realizar sus intervenciones. Esta inteligencia puede intervenir en el arte, mediante la manipulación de objetos, y también en el aprendizaje.

- *Para aprender con ella.* Estar en movimiento. Aprender a contar con un ábaco ilustra perfectamente lo que es la inteligencia kinésica; aprender a caminar también. El simple hecho de caminar mientras revisas tus apuntes, o para sintetizar información, funciona muy bien.
- *Para desarrollarla.* Todos los deportes y actividades manuales son una buena forma de cultivar este tipo de inteligencia. Hacer cerámica, jugar futbol, tejer o practicar karate son actividades que permiten desarrollar un mejor control corporal.

7. ***La inteligencia rítmico-musical*** se resume en la frase «lleva el ritmo en el cuerpo». Crear melodías, memorizar letras, pensar en el ritmo son habilidades que desarrolla este tipo de inteligencia. Permite a los cantantes, coreógrafos o músicos ser sensibles a la musicalidad y estar particularmente atentos al sonido de la lluvia o los ruidos de la naturaleza.

- *Para aprender con ella.* Puedes aprender con musicalidad (no necesariamente con música). Recuerda cuando de niños recitábamos las sumas. Tarareábamos: «1 + 1, 2; 2 + 2, 4; 4 + 4, 8». Este es el principio de este tipo de inteligencia: la información se retiene cuando es rítmica. Si tienes que aprenderte un discurso, ponle un poco de ritmo. En mi caso, cuando leo siempre lo hago con cierto *tempo*, algo así como cuando «contamos» al bailar, para no equivocarnos con los pasos. También me gusta usar un metrónomo, que suena cada diez segundos y me indica que estoy terminando de leer la página. Este ruido puede ser molesto para las personas que no han desarrollado este tipo de inteligencia, pero para otros será muy útil. El ruido blanco, es decir, el ruido de fondo —como el murmullo o un pequeño tictac que suena regularmente (▸pág. 136)—, también favorece el aprendizaje de las personas que funcionan con este tipo de inteligencia.
- *Para desarrollarla.* Aprender una coreografía y tocar un instrumento es parte del desarrollo de la inteligencia rítmico-musical. El cerebro se familiariza así con el ritmo y los sonidos.

8. ***La inteligencia ecológico-naturalista*** se valoriza la sensibilidad de un individuo hacia el entorno. Se desarrolla en personas a que les gusta cuidar animales, hacer jardinería o estudiar la naturaleza en general. Requiere un buen sentido de la observación y habilidades analíticas para comprender mejor nuestro entorno.

- *Para aprender con ella.* Opta por trabajar en el exterior, en tu terraza, o caminar en la naturaleza después de leer un libro para tomarte el tiempo de «hacer tu propio resumen». Nada de encerrarse en una biblioteca.
- *Para desarrollarla.* Una caminata por el bosque, una excursión al aire libre o un paseo por la playa pueden ayudar a desarrollar este tipo de inteligencia, porque el contacto con la naturaleza contribuye a expandirla. Estar atento a los cambios en el entorno, respetarlo y defenderlo son formas en que se manifiesta esta inteligencia.

9. *La inteligencia existencial* es la que aporta sentido a las cosas. Cuestiona, reflexiona, analiza. Este tipo de inteligencia se encuentra especialmente en pensadores y filósofos.

- *Para aprender con ella.* La inteligencia existencial necesita dotar de sentido tanto a nuestros actos como a nuestro aprendizaje. Aprender, sí, ¿pero para qué? Si tienes este tipo de inteligencia necesitas entender lo que estás haciendo y eso significa desarrollar un objetivo que siempre debe estar claro. Es este objetivo lo que aporta el significado: entonces sabes por qué quieres leer este libro o estás interesado en un tema. Este enfoque se aplica igualmente a las tareas pequeñas: un becario al que se le pide que saque fotocopias y que esté dotado de inteligencia existencial tendrá que comprender *como mínimo* para quién y por qué saca esas fotocopias. Debe saber que los documentos serán utilizados por el director, que tiene que defender un proyecto en una reunión y que esa reunión que se realizará el lunes aportará sentido a su trabajo.
- *Para desarrollarla.* Intenta poner las ideas en palabras, desarrollar tus pensamientos, descifrar las situaciones que estás viviendo.

¿Y si no te reconoces en ninguno de estos tipos de inteligencia?

En cada uno de nosotros coexisten varias formas de inteligencia. Si no puedes identificar tus inteligencias dominantes es posible que tengas una potente inteligencia lógico-matemática. ¿Por qué? Porque este tipo de inteligencia requiere un gran sentido analítico que no siempre se reconoce en las definiciones enunciadas. En otras palabras, la mente lógico-matemática es tan cuadrada que las palabras no siempre se ajustan a ella.

Olvídate del cociente intelectual

El cociente intelectual (IQ) evalúa dos tipos de inteligencia: la lingüístico-verbal y la lógico-matemática. Alfred Binet, pedagogo y psicólogo francés, lo formuló en la década de 1900. El objetivo principal de esta prueba no era identificar a las personas más inteligentes, sino diagnosticar si los estudiantes necesitaban educación especializada.[8] Durante la Primera Guerra Mundial la prueba del cociente intelectual fue utilizada con frecuencia por el ejército estadounidense, que evaluaba a sus soldados antes de enviarlos al frente. Los que resultaban calificados con un bajo coeficiente intelectual eran los que se consideraban más adecuados para entrar en combate, puesto que no eran esenciales para la sociedad. Sin embargo, el cociente intelectual sigue siendo reductivo porque existen nueve tipos de inteligencia y no dos.

Podemos tener dificultades con las palabras y carecer de lógica matemática, pero poseer —y explotar— otros tipos de inteligencia que son igual de útiles para el aprendizaje, la memorización y, por extensión, para el éxito. Nunca se me ocurre medir el coeficiente intelectual de mis alumnos durante mis cursos, pues un resultado «mediocre» podría ser desalentador y no aporta nada sobre la capacidad de aprender. La inteligencia va mucho más allá de eso: es nuestra capacidad de encontrar una solución a un problema. Y nuestro cociente intelectual no indica nada al respecto.

---

[8] Constantin Stüve, *Sommes nous de plus en plus bêtes?*, Arte, 2022.

3 BUENAS RAZONES PARA IDENTIFICAR TUS TIPOS DE INTELIGENCIA

1. Cuando identificamos nuestras inteligencias dominantes comprendemos mejor nuestros éxitos y fracasos. Eso significa que somos capaces de ver que detrás de un éxito está la aplicación de un tipo determinado de inteligencia o una combinación de varios tipos y, por tanto, podemos recurrir de nuevo a ello ante un proyecto importante. Si, por el contrario, nos damos cuenta de que carecemos de un tipo de inteligencia en concreto, podemos optar por desarrollarla para no fracasar en un proyecto específico o confiar aún más en nuestras formas de inteligencia más desarrolladas para compensar nuestras carencias. Si, por ejemplo, se me ofreció la dirección de un equipo de trabajo pero carezco de inteligencia interpersonal, puedo trabajar para intentar desarrollarla o bien confiar en mi inteligencia existencial, porque mi tendencia natural a buscar el significado de las cosas me servirá para guiar y motivar a mis colaboradores.

2. Podemos descubrir nuestros talentos ocultos. En la escuela se utilizan mucho dos tipos de inteligencia: la lingüístico-verbal y la lógico-matemática, justo las que aplican para medir el cociente intelectual. Es habitual, por tanto, que los alumnos que tienen otros tipos de inteligencia dominantes sean etiquetados como «malos estudiantes». Sin embargo, pueden estar dotados de una potente inteligencia rítmico-musical o intrapersonal, por ejemplo. Tomar conciencia de esto como adulto puede facilitar el camino para una nueva actividad o profesión.

3. Aprendemos de manera más eficiente, ya que sabemos en qué tipo de inteligencia confiar. Nuestra energía está en el lugar correcto y nuestros resultados darán testimonio de ello.

¿NECESITAMOS LOS 9 TIPOS DE INTELIGENCIA PARA APRENDER?

Según Howard Gardner, todos desarrollamos naturalmente de tres a cuatro tipos de inteligencia. Son nuestros tipos de inteligencia dominantes. En el aprendizaje, por supuesto, la idea de expandir nuestra inteligencia y abarcar todas las tipologías resulta tentadora. En mi caso, por ejemplo, como quería compartir mis conocimientos tuve que desarrollar mi inteligencia lingüístico-verbal para expresarme lo mejor posible y hacerme entender por el mayor número de personas.

Pero lo más importante, en mi opinión, es confiar en tus inteligencias dominantes antes de centrarse en las que tienes menos desarrolladas o utilizas menos.

Los 3 estilos de aprendizaje, ¿tres formas de ser?

Nuestros tipos de inteligencia nos guían sobre la forma de aprender. Nos proporcionan técnicas específicas que podemos utilizar. Sin embargo, al mismo tiempo podemos apoyarnos en nuestro estilo de aprendizaje. Según el modelo VAK, de Neil Fleming,[9] hay tres estilos de aprendizaje. Las siglas VAK se refieren, respectivamente, a los estilos de aprendizaje visual, auditivo y kinésico.

Estos estilos de aprendizaje corresponden a los distintos canales de percepción. Permiten que la información, que por definición es exterior a nuestro ser, entre en nosotros y sea asimilada. Podríamos decir que estos canales de percepción son, en realidad, como puertas de entrada: ¿cómo canalizas más fácilmente la información, a través de la vista, del oído o del movimiento?

- V, de *visual*: prefieres aprender a través de ilustraciones, gráficos, videos u otras fuentes visuales.
- A, de *auditivo*: aprendes mejor escuchando una conferencia, un curso, un programa de radio… o hablando para ti mismo.

---

[9] Neil D. Fleming, «I'm Different; not Dumb. Modes of Presentation (VAK) in the Terciary Classroom», *Research and Development in Higher Education: Preceedings of the 1995 Annual Conference of the Higher Education and Research Development Society of Australasia* (HERDSA), 18, 1995; págs. 308-313.

- K, de *kinésico*: aprendes más a través de la interacción física, el movimiento, el tacto y las sensaciones corporales.

En este punto todos somos diferentes y, usualmente, tenemos un estilo dominante. En el aprendizaje, y en particular en la memorización (▸capítulo 6, «Las mejores técnicas de memorización»), nuestro objetivo será utilizar nuestro estilo de aprendizaje dominante, pero también aprender a explotar todos canales que tenemos a nuestra disposición —visuales, auditivos y kinésicos— porque cuanto más aprendemos a explotarlos más ampliamos nuestras posibilidades de captar la información que nos rodea. Pero vayamos aún más lejos. El modelo VAK da paso al VAKOG siempre, según los trabajos de Neil Fleming, si integramos dos canales adicionales: el olfativo (O) y el gustativo (G). Estos dos canales, aunque participan menos en el aprendizaje como tal, nos permiten aderezar con emociones la información que deseamos almacenar con el único objetivo de ayudarnos a retenerla mejor. Y, como ya vimos, las emociones son excelentes aliados en los procesos de memorización.

¿Cómo utilizar mi estilo de aprendizaje y mis tipos de inteligencia?

El modelo VAK analiza cómo entra la información en nuestras mentes. La inteligencia interviene en un segundo paso, en la forma en que procesamos y mantenemos lo aprendido. Para aprender eficientemente[10] podemos combinar el modelo VAK con nuestros tipos de inteligencia dominante. Veamos algunos ejemplos:

- Si soy una persona visual con inteligencia lingüístico-verbal dominante, me interesará escribir fichas, porque podré retener mejor la información anotada. El uso de notas

[10] Para la distinción entre *eficiencia* y *eficacia* véase el capítulo 4, «La gestión del tiempo», pág. 111.

adhesivas pegadas en la pared también me ayudará a asimilar mejor, porque así seré consciente del espacio y de los «lugares» donde se encuentra, para que mi cerebro lo encuentre con mayor facilidad. Si mi inteligencia dominante es más bien la rítmico-musical, ¿por qué no escribir lo que quiero recordar con ritmo, en forma de poema? Más que utilizar palabras clave se trataría de usar frases que tengan cadencia, que suenen bien.

- Si soy una persona auditiva con inteligencia ecológico-naturalista, por ejemplo, podría escuchar pódcast mientras doy un paseo por el campo. En cambio, si mi inteligencia dominante es de tipo existencial necesitaré hablar con alguien sobre mis metas y el sentido que encuentro en mi aprendizaje.
- Si soy una persona kinésica y mi inteligencia dominante es de ese mismo tipo no hay duda de que todo tendrá que estar orquestado perfectamente, que aprenderé caminando y moviéndome. Pero puedo ser kinésico y estar dotado de inteligencia interpersonal, en cuyo caso me interesará compartir mi conocimiento con la gente y exponerlo acompañándome de movimientos de manos o también esquematizando mis pensamientos cuando los transmita oralmente.

Las posibilidades son infinitas. De forma natural establecemos vínculos entre nuestros estilos de aprendizaje y nuestros tipos de inteligencia. Basta con ser consciente de tu estilo de aprendizaje y tus inteligencias para conseguir que tu cerebro aprenda de la manera más cómoda y eficaz posible.

6 IDEAS PARA ESTIMULAR TU CEREBRO

Hay un montón de pequeñas cosas que podemos hacer en el día a día para estimular nuestro cerebro sin que necesariamente impliquen aprender o trabajar. Son formas de mantener tu agilidad cerebral en periodos en los que aprendes o trabajas menos, pero también —y sobre todo— de conseguir que tu cerebro sea cada vez más eficiente y así progresar en tu aprendizaje y en la consecución de tus objetivos.

1. Recordar lo que soñaste. El cerebro nunca descansa realmente, continúa funcionando incluso durante el sueño. Su trabajo proporciona el guion de nuestros sueños. Intentar recordarlos cada mañana es una forma de poner a trabajar tu memoria. Incluso puede ser divertido interpretarlos, para entrenar nuestra capacidad de análisis.

2. Beber mucha agua para mantenerse hidratado. El agua es el motor de la vida y la clave para una vida saludable. La falta de hidratación puede alterar nuestra atención y nuestra memoria a corto plazo.[11]

3. Cambiar de mano cuando te cepilles los dientes, al peinarte o al pasar las páginas de un libro. Este cambio de hábitos tan sencillos y cotidianos crea nuevas conexiones neurológicas y nos saca de la rutina.

4. Leer, por supuesto: leer algunos capítulos de un libro alimenta tu cerebro.

5. Hacer ejercicio. Ya sabemos que la actividad física es antiestrés, incluso nos despeja la mente hasta que surgen nuevas ideas. Pero va más allá de eso: es un verdadero apoyo para la memoria. Un estudio realizado por la universidad estadounidense de Maryland[12] en 2013 demostró que, cuanto más ejercicio hacemos, menos recursos necesita el cerebro para acceder a los recuerdos. Para llegar a esta conclusión los investigadores monitorizaron dos grupos de estudiantes durante tres meses. En el primero, los estudiantes practicaban de forma intensiva mientras

---

[11] A.-V. Patel, J.-P. Mihalik, J.-P. Notebaert, «Perfomance neuropsychologique, stabilité posturale et symptômes après déshydratation», *Journal d'entraînement sportif*, 42/1, 2007; págs. 66 y 75.

[12] J. Won *et al.*, «Activation de la mémoire sémantique aprés un exercise aigu chez des personnes âgées en bonne santé», *Journal of the International Society of Neuropsychology*, 25/6, 2019; págs. 557-568.

que en el segundo su actividad física era prácticamente nula. Se observó que el esfuerzo físico estimula la memoria semántica, es decir, las palabras y el conocimiento (▸pág. 150). Otro estudio, publicado en la revista científica *Cell Metabolism*,[13] demuestra que correr estimula la secreción de catepsina B, una proteína que interviene en la generación de nuevas neuronas en el hipocampo. Nuestra actividad cerebral mejora porque el hipocampo es un área del cerebro que interviene de forma destacada en el proceso de memorización.

6. Comer bien. Una dieta saludable contribuye a la neurogénesis, la generación de nuevas neuronas. Para una buena salud cerebral, tal y como pude estudiar con un naturópata,[14] es necesario comer de forma equilibrada, es decir «un poco de todo y de todo un poco». Es importante prestar atención a los omega-3, esenciales para el buen funcionamiento del cerebro, dado que este último se compone principalmente de grasa y mielina, sustancia que rodea las fibras nerviosas y se compone de lípidos en 70%. Los omega-3 aportan «grasa buena», lo que aumenta el rendimiento intelectual. Se encuentran principalmente en pescados grasos (sardinas, verdel…), algunos aceites vegetales (canola, linaza…), nueces, almendras y avellanas. El zinc, presente en mariscos, hígado, carnes rojas, pescado, la yema del huevo, legumbres o pan integral, tiene asimismo un papel muy relevante ya que el hipocampo necesita este mineral para funcionar de manera óptima. Sin embargo, hay que evitar asociarlo con el hierro, que se encuentra por ejemplo en las ostras, la carne roja o las lentejas, porque el hierro y el zinc utilizan los mismos transportadores, por lo que si uno de estos dos elementos toma la delantera el otro no se asimila.

---

[13] H.Y. Moon *et al.*, «Running-Induced Systemic Cathepsin B Secretion Is Associated with Memory Function», *Cell Metabolism*, 24/2, 2016; págs. 332-340.

[14] www.mohamedboclet.com/memorie-naturophatie

Quédate con esto:

- Nuestro cerebro es plástico, está en constante remodelación. Podemos desarrollarlo y reconfigurarlo a cualquier edad, nunca es demasiado tarde para aprender.
- El sueño es esencial: gracias a él nuestro cerebro se regenera, modera las emociones y clasifica la información superflua. Por tanto, dormir bien es clave para el aprendizaje.
- La coherencia cardiaca es un método que se basa en la respiración y permite poner el cerebro en condiciones óptimas para el aprendizaje. Nos lleva al llamado estado alfa, un estado de relajación y concentración.
- Hay nueve tipos de inteligencia. Cada individuo posee de tres a cuatro tipos de inteligencia dominantes. Identificar cuáles son los nuestros es esencial para aprender y asimilar información.
- El modelo VAK (visual, auditivo, kinésico) nos enseña que todos tenemos un estilo de aprendizaje preferido. Para utilizar nuestro cerebro de forma óptima tenemos que usar estos tres canales de percepción al mismo tiempo, no depender solo de uno.

4
LA GESTIÓN DEL TIEMPO

> Si me interesa el futuro es porque voy a pasar allí el resto de mi vida.
>
> MARK TWAIN

Te propongo un juego. Imagina que estás en casa y, de repente, tu teléfono suena. Una, dos, tres veces… Tus amigos no paran de llamarte uno tras otro para decirte que acabas de salir elegido al azar en el sorteo de un programa de la tele y que ganaste 86 400 euros. ¡Qué notición! Y sobre todo porque se trata de una cantidad diaria: cada mañana abonarán 86 400 euros en tu cuenta, y así día tras día siempre y cuando te los gastes íntegramente el mismo día, pues a medianoche deben estar tus cuentas en cero. Pero, ojo, en cualquier momento el juego puede llegar a su fin, así que tendrás que disfrutarlo mientras dure.

Bueno, pues ahora te pregunto: ¿qué harías con estos 86.400 euros? Tómate un tiempo para pensarlo y escribe tus respuestas en un papel. Atrévete a realizar una lista de deseos y juega en serio este juego, es importante para lo que viene a continuación.

Voy a revelarte algo que tal vez no sabías: todos y cada uno de nosotros disponemos de 86 400 segundos al día. Este recurso puede desaparecer en cualquier momento y cada segundo no utilizado se pierde para siempre.

Mira a continuación la lista de todas las cosas que escribiste en el papel cuando imaginaste que habías ganado 86 400 euros diarios; ahora, trasládalo al tiempo que tienes: ¿por qué no aprovechas todos los segundos disponibles para llevar a cabo las tareas, actividades y sueños que escribiste? ¿Te das cuenta? Tal vez escribiste: hacer un viaje, consentir a mis padres, apuntarme a clases de inglés... Con el tiempo que tienes puedes hacer todo eso. Y el tiempo es más valioso que el dinero.

En este capítulo me gustaría que te reconciliaras con el tiempo, mostrándote que no siempre es tan fugaz como pensamos y proporcionándote las claves esenciales para ganar más tiempo. Organizándote bien, y jugando con tu cerebro —que disfruta con las restricciones temporales—, dispondrás de un tiempo nuevo para aprender y trabajar.

Piensa en el placer diferido

Muchas personas *eligen* —insisto en esta formulación, ya verás por qué— no estudiar más, no leer y no informarse con el pretexto de no tener tiempo. Tienen razón en una cosa: aprender lleva tiempo, incluso cuando se practica la lectura rápida.

Solo que este tiempo es una inversión en nosotros mismos, en nuestro bienestar y nuestro futuro. Siempre hay una buena razón para desarrollar nuestros conocimientos y volvernos ilimitados, como vimos en el primer capítulo. Si tienes este libro en tus manos ya tienes una. ¿Quieres volverte ilimitado para abrir tu mente? ¿Para ganar confianza en ti mismo? ¿Para reorientarte profesionalmente? ¿Para transmitirlo a tus hijos? ¿Para tomar mejores decisiones de acuerdo con tus convicciones? No olvides tu deseo principal: es lo que te permitirá aceptar la idea de dedicar tiempo a aprender.

Creo que es necesario reconectar con el tiempo en lugar de verlo como un elemento conflictivo. Si cada día dedicas una hora a aprender tal vez tengas la sensación de que no avanzas. Una hora al día son siete horas a la semana, lo que equivale a treinta horas al mes. Imagina lo que puedes hacer en treinta horas al mes. Es esencial mirar hacia adelante. Por eso me gusta hablar sobre el placer diferido. ¿Qué es? Hacer ejercicio a las seis de la mañana todos los días tal vez resulte difícil, pero al hacerlo repetidamente la satisfacción aumenta (mejor condición física, mejor estado de ánimo, mejor concentración en el trabajo...). Sucede lo mismo con el aprendizaje. Dedicar un poco de tiempo cada día a aprender otro idioma es apostar por ser bilingüe al cabo varios meses, y hacer estiramientos cada mañana significa ejercitarse para ser pronto más flexible. Pensar en el placer diferido es movilizador. Desde el momento en que somos conscientes de que mañana se construye hoy resulta mucho más sencillo dedicar tiempo al aprendizaje en todas sus formas (leer, visitar exposiciones, ver reportajes...). Y ese placer también se filtra en el presente: como sé que lo que estoy haciendo contribuye a mi futuro; consigo disfrutar de lo que hago en el momento mismo de hacerlo.

Como habrás visto, decidirse a dedicar tiempo al aprendizaje es importante. Y la buena noticia es que eso no significa que vayas a estar más rebasado de lo que ya estás. El tiempo dedicado a aprender no es tiempo que añades a tu semana, sino tiempo que ya tienes y al que asignas una nueva función. En resumen, vas a aprender cómo hacer un mejor uso de tus 86 400 segundos diarios. Para ello tienes dos trucos a tu disposición:

- Identificar el tiempo perdido y transformarlo en tiempo de aprendizaje: si pierdes menos tiempo viendo la televisión, por ejemplo, puedes aprender en lugar de ver una serie.
- Ser más eficiente y, de este modo ganar tiempo cada día: si utilizas algunos métodos que explicaré más adelante podrás hacer en una hora lo que normalmente haces en dos.

Los 5 tipos de tiempo

Te invito, para empezar, a que analices cómo gestionas tu tiempo: ¿en qué lo empleas? Hay cinco formas de usar el tiempo, que detallo a continuación. Escribe en una hoja de papel cuántas horas a la semana dedicas a cada uno de estos usos:

1. Tiempo profesional: es el que dedicas a actividades cuya finalidad es obtener una remuneración. Todo lo que haces para conseguir dinero es tiempo profesional. Es tanto el tiempo que pasas en tu lugar de trabajo como el que dedicas a reuniones externas, a analizar la competencia o a atender las redes sociales vinculadas a tu perfil profesional.

2. Tiempo personal: son actividades que generan placer, como ir de compras, viajar, leer (no para aprender, sino para evadirnos), momentos pasados con amigos o con la familia, etc.

3. Tiempo para ti: es el tiempo que dedicas a ti mismo. La diferencia con el tiempo personal es sutil. El tiempo para ti no es solo tiempo para el placer. Nutre la mente, el cuerpo y el alma. El ejercicio, la meditación y el aprendizaje son tiempo para ti.

4. Tiempo obligatorio: son actividades vitales o imprescindibles, como comer, ir al supermercado, dormir, llevar a los niños a la escuela… todo lo que uno está obligado a hacer.

5. Tiempo perdido: también se le llama no-tiempo. Lo derrochamos a manos llenas. Es el tiempo que pasamos en Instagram, en Netflix, y también el que perdemos hablando por teléfono con personas que no significan demasiado para nosotros… ¿Cómo distinguirlo del tiempo personal? Todo depende del enfoque. Ver una película el domingo por la noche es tiempo personal, pero pegarse al televisor todas las noches para entretenerse o porque estás aburrido es más bien tiempo perdido si no reporta nada.

Para hacer un balance del uso de tu tiempo y continuar el inventario, divide entre 7 los resultados obtenidos y cuenta el tiempo que dedicas cada día a estos cinco momentos. Observarás sin duda que el tiempo profesional es el que más espacio ocupa, al igual que el tiempo obligatorio. Por lo general, el tiempo perdido viene justo después.

Sin embargo, lo que buscamos en el aprendizaje es tiempo para nosotros mismos. Es el que alimenta, abre la mente, nos hace crecer y nos permite capitalizar nuestro futuro. Eres la persona más importante en tu existencia. Primero debes pensar en ti mismo, pensar en hacerte bien y crecer, para después ser más feliz y llevar una existencia en la que te reconozcas.

Un consejo: para ayudarte a analizar el uso que haces de tu tiempo a lo largo de la semana puedes usar la aplicación Toggl Track. Esta aplicación cronometra tus actividades diarias y te ofrece un informe de tu uso del tiempo.

Acabar con el tiempo perdido

Perdemos mucho tiempo haciendo cosas inútiles, distrayéndonos frente al televisor o con el celular. No se trata de prescindir de estas actividades, pero con mucha frecuencia van en contra de nuestro deseo de aprender. Nos quejamos de que no tenemos tiempo, cuando lo cierto es que disponemos de 86 400 segundos al día. Cuando somos conscientes de cuánto tiempo supone realmente nuestro «no-tiempo» podemos corregir la situación y elegir, como prioridad, dejar de lado las pantallas. Son ellas, sin duda, lo que más tiempo nos hacen perder. La televisión y los celulares son enemigos del aprendizaje y de la concentración.

Toma nota de cuánto tiempo pasas al día con el celular. ¿Dos horas? ¿Tres, cuatro horas? Recuerda ahora que a tu cerebro le encanta aprender y que, cuanto mejor se alimenta y más se ejercita, más se desarrolla y mejor funciona. Imagina entonces que las tres horas que dedicas a las redes sociales estuvieran dedicadas al aprendizaje: ¡es una oportunidad para estimular tu cerebro y aumentar rápidamente tu conocimiento!

Me dirás que el celular nos da acceso a una gran cantidad de información y que podemos aprender mucho de todos los contenidos que internet pone a nuestra disposición. De hecho, puede que nos resulte útil. Pero es importante distinguir entre uso útil e inútil. Recuerda también que a nuestro cerebro le encanta la información, por eso se siente atraído por el celular: quiere algo nuevo. Pero, ¿realmente todo está en Instagram? Si no lo encontramos allí seguiremos buscando y buscando y, mientras pensamos que nos estamos consumiendo información de forma eficiente, en realidad solo estamos vagando en línea… y perdiendo el tiempo. Ya que a nuestro cerebro le encanta aprender propongo que lo hagamos de manera diferente, a través de los libros, a través del contacto humano, a través de reportajes seleccionados que supongan un desafío...

El tiempo perdido, sin embargo, no es un problema reciente del que solo las pantallas son responsables. Algunos pierden el tiempo, por ejemplo, pasando la aspiradora tres veces al día porque son auténticos maniáticos de la limpieza y no pueden evitarlo. Otros pierden el tiempo en el autobús o el metro porque no se han preocupado por buscar la mejor ruta. Y otros porque no se atrevieron a decir que no a un amigo y se encontraron hablando horas y horas con él por teléfono; o porque hicieron sus compras el sábado por la tarde, en el momento de mayor afluencia, cuando podían haberlo hecho perfectamente el viernes a la hora de comer. Semana a semana, el tiempo perdido se nos va escurriendo aquí y allá.

Obviamente, el tiempo perdido se valora en función de nuestros planes y deseos, lo que significa que tomarse una copa con los amigos no es tiempo perdido si realmente te hace feliz y no pospones una sesión de trabajo o aprendizaje para hacerlo. Por el contrario, si sientes que ir a beber esa noche no era realmente prioritario para ti y podías haberla dedicado a otra cosa, dejaría de ser tiempo personal para caer en la categoría de tiempo perdido.

Define tu objetivo

Es lunes. Imagina que tienes que hacer una presentación de trabajo para el miércoles, que es una tarea que suele llevarte una semana. A pesar de contar con un plazo tan limitado consigues preparar la presentación para el miércoles. ¿Se debe a que no tenías otra opción? Tal vez. Muchas personas dicen que funcionan mejor bajo presión, en situaciones de urgencia. Pero, en realidad, si ese trabajo urgente resultó provechoso fue porque en aquel momento el objetivo no podía ser más claro: sabías que tenías que hacerlo y para cuándo. No es tanto la urgencia como la claridad del objetivo lo que garantiza el éxito: el cerebro es maleable y se adapta a la presión, siempre y cuando se le indique de forma muy clara.

Por tanto, definir tus objetivos permite ganar tiempo y evitar de forma casi natural el tiempo perdido. Cuando sabemos exactamente hacia dónde vamos, cuando visualizamos muy claramente el resultado que debemos o queremos lograr, mantenemos la motivación y no caemos en las trampas de la distracción.

Definir objetivos ahorra tiempo y ayuda a usarlo de la mejor manera posible, por eso es tan importante hacerlo bien y expresarlos con detalle y por escrito, negro sobre blanco. Para ello sugiero usar el método SMART, formulado por primera vez por el profesor George T. Doran en un artículo que publicó en 1981.[1]

Este proceso se aplica tanto a metas importantes, a largo plazo, como a pequeñas metas diarias:

- S, de *específico.*[2] ¿Qué quieres lograr? Tu respuesta debe ser clara e inequívoca.
- M, de *medible.* Hay que cuantificar tus objetivos, ponerlos en cifras. ¿En euros? ¿En número de fichas o páginas que redactar al día? ¿En número de libros para leer? Esto permite observar el progreso y celebrar las etapas superadas. Cada victoria te impulsa a abordar la siguiente.
- A, de *ambicioso.*[3] «El miedo ha matado más sueños que el fracaso», se suele decir. Esto significa que debemos encontrar nuestra llama interior para avanzar. Nunca olvides tu objetivo y la alegría que te produce; son fuerzas impulsoras.
- R, de *realista.* Objetivo la luna, sí, pero hay que mantener los pies en el suelo para no perder la motivación. Pregún-

---

[1] George T. Doran *et al.*, «There's a SMART Way to Write Management's Goals and Objectives», *Management Review*, 70/11, 1981; págs. 35-36.

[2] *Specific*, en inglés (*N. de la T.*).

[3] Originalmente, la «A» significa *alcanzable.* Me tomo la libertad de reemplazarlo por *ambicioso* porque, en mi opinión, establecer un objetivo alcanzable es como establecer un objetivo realista.

tate si el objetivo que te has propuesto está dentro de tus posibilidades, de lo contrario te condenas a ver decepcionadas tus expectativas.

- T, de *temporal*. Cada objetivo debe llevar aparejado un plazo. Fija la fecha límite en la que habrás alcanzado tu objetivo, en una o dos horas, en meses, no importa. Todo depende de cuánto tiempo necesites, pero también de cuándo quieras terminar. Pregúntate a continuación si, con tales plazos, estás dispuesto a reservar una hora al día, dos horas o más. A veces este tiempo no depende de ti. La buena noticia es que el cerebro se adapta a la presión. Si tienes la opción de organizarte como deseas, establece franjas horarias diarias regulares y adáptalas, si es necesario, a medida que avanzas.

3 trucos para dejar de procrastinar

La procrastinación suele estar vinculada al miedo al fracaso. Las personas que procrastinan prefieren posponer una tarea o acción por temor a no estar a la altura de ella. Suele ser más cómodo posponer que ponerse a prueba, manos a la obra. Pero esta comodidad acaba por resultar incómoda porque la procrastinación suele generar culpa. Nos culpamos a nosotros mismos por no avanzar. ¿Cómo salir de ella?

1. Revisa tu objetivo guiándote por el método SMART antes descrito, tal vez no estaba bien definido. Cuanto más claro sea, mayor será tu motivación para ponerte a trabajar, porque un objetivo bien definido siempre es alentador. Nos permite visualizar la línea de meta y visualizar, con antelación, la felicidad que experimentaremos al cruzarla.

2. Ten en cuenta que uno es mejor que cero. En otras palabras: es mejor hacer un poco de algo que… nada de nada.

3. Adopta la ley de Newton. Según esta ley, un objeto en reposo tiende a permanecer inmóvil a menos que una fuerza externa lo empuje, mientras que un objeto en movimiento tiende a mantenerse en movimiento. Si la procrastinación es inmovilidad, tú puedes ser tu propia fuerza externa que te empuje y te mueva.

6 REFLEJOS PARA SER EFICIENTE Y GANAR TIEMPO

Una vez que transformamos el tiempo perdido en tiempo útil, gracias a la fuerza de nuestra voluntad y después de definir nuestros objetivos, pongámonos manos a la obra para optimizar nuestro tiempo. Se trata de ser eficaz o, más bien, eficiente, que no es exactamente lo mismo. La eficacia es el hecho de lograr un objetivo; eliges un libro, lo lees, lo terminas: has sido eficaz. Ser eficiente es buscar el momento adecuado para leer ese libro y realizar esa tarea más rápido, de manera óptima. La eficiencia es el logro de un objetivo con la menor cantidad de tiempo y energía posibles. Por tanto, lo que nos preocupa es «hacer más con menos», porque el tiempo es un bien muy preciado.

Para aprovechar tu potencial ilimitado debes buscar la eficiencia. Esta noción debe estar en el centro de tu vida ilimitada.

1. Invertir en pérdidas

Invertir en pérdidas es el primer paso hacia la eficiencia. Consiste, básicamente, en no hacer una tarea por hacerla, sino en ponerla en contexto y analizar previamente lo que se va a hacer. En otras palabras, invertir en pérdidas es:

- Dedicar tiempo a redactar una «lista de tareas pendientes» —lo que se conoce como *to-do list* o *task list*—, en papel o digital, para hacerse una idea clara de las tareas que se van a realizar. Esta lista tiene la virtud de reducir la carga mental y la ansiedad, ya que descargamos el peso de nuestros objetivos e imperativos de nuestra cabeza a un soporte (el papel o el archivo donde la hayamos escrito). Para que sea un verdadero apoyo esta lista debe ser detallada: cada tarea tiene que estar asociada a una categoría (personal, profesional...), con un grado de urgencia e importancia (▶pág. 113, donde trato la matriz de Eisenhower, una herramienta que permite calificar las tareas), un plazo y unos márgenes temporales de ejecución, etc. Puedes preparar tu lista semanal de tareas pendientes los domingos por la noche y reajustarla cada noche para el día siguiente.

- Dedicar tiempo a analizar las tareas que hay que hacer, antes de llevarlas a cabo, y también a pensar en la mejor manera de abordarlas y ejecutarlas. Este es el sistema que yo mismo utilizaba cuando trabajaba como empleado asalariado: llego (a la oficina), me detengo (me siento sin prisas), analizo (mis tareas) y actúo (puedo hacer mis actividades).

Al desarrollar un hábito tan útil prepararás el terreno para trabajar mejor y aprenderás más. Sabes exactamente lo que tienes que hacer y cuándo, lo que te permite recuperar un tiempo valioso. Se acabó el tiempo perdido en dispersarse, cambiando de opinión, cuestionando prioridades... La buena noticia es que este tiempo que ganas es mayor que el tiempo que dedicas a diseñar tu lista de tareas pendientes y revisarla. Por eso hablamos de invertir en pérdidas.

2. Preparar una buena lista de tareas pendientes y gestionar las prioridades

¿Te suena el juego de las piedras pequeñas y grandes? Consigue un jarrón y varias piedras, unas grandes y otras pequeñas. Mete primero las pequeñas en el jarrón —serían las tareas menores—. Entonces te darás cuenta de que las piedras grandes —que serían las tareas de mayor dimensión o importancia— ya no caben en el jarrón: tu agenda está saturada. Si, por el contrario, comienzas con las tareas mayores —poniendo las piedras grandes en el fondo del jarrón—, entonces las menores se irán acomodando en los huecos que dejan las anteriores. Y todas las piedras entrarán en el jarrón.

Por eso hay que empezar con las tareas «grandes». Este es uno de los secretos de la eficacia. Para no equivocarte y acomodar las «piedras» correctas en el momento adecuado, puedes trasladar tu lista de tareas pendientes a la matriz de Eisenhower. Esta se inspira en una cita célebre de Dwight D. Eisenhower, el trigésimo cuarto presidente de Estados Unidos. Este político afirmaba que había «dos clases de problemas: los urgentes y los importantes. Los urgentes rara vez son importantes y los importantes nunca son urgentes».

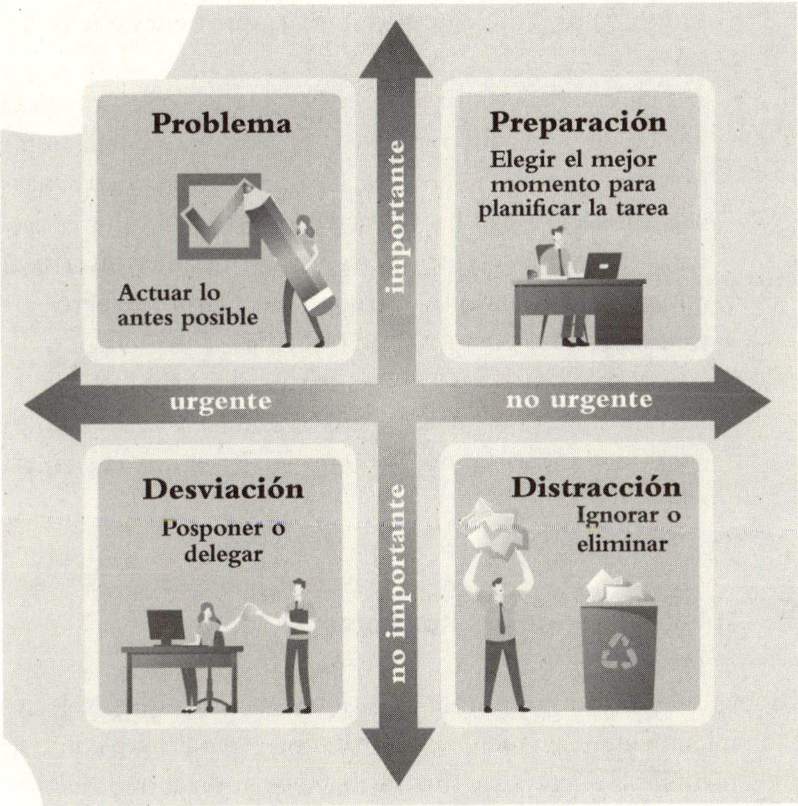

- *¿Es urgente e importante?* Hazla inmediatamente. Mi consejo: las tareas urgentes e importantes no deben representar más del 10 % de las que se deben realizar durante el día, para evitar el estrés. Para lograrlo, hay que anticiparse.

- *¿Es urgente, pero no importante?* Cualquier cosa que no sea importante no tienes que hacerla necesariamente tú mismo, así que delega lo antes posible. ¿Tienes que reunirte con un proveedor mañana por la mañana, pero no tienes ni un minuto para ello? Es urgente, pero alguien puede encargarse de contactar con él y acordar la hora de la cita. ¿Se te amontonan las tareas domésticas? Podrías convocar una reunión familiar para repartir el trabajo y que todos se pongan manos a la obra. ¿Y cuando no sea factible delegar? La tarea podría entrar en la categoría urgente e importante, ya que tienes que realizarla.
- *¿Es importante, pero no urgente?* Estas tareas constituyen el núcleo de tu productividad y la prueba de tu buena organización, porque no eres reactivo sino proactivo. Trabajas con antelación y lo haces correctamente. Tu valor es ese. Estas tareas importantes, pero no urgentes, se convertirán en urgentes cuando se acerque la fecha límite, pero entonces solo tendrás que ajustar, revisar, corregir…
- *¿No es urgente y no es importante?* ¡No las hagas! ¿Por qué hacerlo si no es urgente ni importante? Las realizaremos cuando sea importante, urgente o si nos queda tiempo adicional.

3. Aplicar la ley de los 2 minutos

La ley de los 2 minutos propone gestionar las tareas que se ejecutan rápidamente —en menos de 2 minutos— tan pronto como se presenten. Estas microtareas son muchas (enviar un correo electrónico, compartir un contacto…) y se presentan cada día mientras estamos centrados en algún asunto más importante y urgente, desviando nuestra atención y concentración.

Todas estas microtareas aumentan nuestra carga mental, pero la buena noticia es que apenas consumen tiempo, podemos realizarlas en un instante. Por tanto, también podemos hacerlas en cuanto tengamos un rato libre y tacharlas de nuestra lista de tareas pendientes. Si en lugar de acumularlas nos las quitamos de encima, ganaremos mucho tiempo. Además, también podemos aplicar a estas microtareas la técnica Pomodoro (▶pág. 129), dedicándoles una sesión de 25 minutos.

4. Tener en cuenta las tareas pasivas

Las tareas pasivas son esas que requieren cierta anticipación. Si quieres que te entreguen una *pizza* al mediodía tienes que pedirla una hora antes, por ejemplo. Si tienes que descargar varios archivos para trabajar y va a llevarte media hora hacerlo, es mejor iniciar las descargas con antelación.

Preparar una lista de tareas pendientes nos permite adoptar cierta distancia cuando preparamos nuestra planificación. Podemos destacar las tareas que convendría anticipar resaltándolas con un color específico. También debemos tener en cuenta que, aunque es preferible empezar cada jornada con las actividades importantes, es posible —e incluso deseable— ocuparse antes de las tareas pasivas, si nos llevan poco tiempo.

5. Aprender a decir no

No es fácil decir que no a un amigo que nos pide que le hagamos un favor o nos propone salir. Queremos complacerlo, tememos decepcionarlo y, si no estamos lo suficientemente centrados en nuestro objetivo o no tenemos bien definidas nuestras prioridades, no tendremos la entereza necesaria para negarnos. Ahora bien, decir sí a algo o a alguien es decir que no a otra cosa y a otra persona (a uno mismo, en este caso). Por tanto, es importante aprender a decir no para aumentar el tiempo que tenemos para nosotros mismos. Gracias al poder del «no», serás capaz de hacer muchas más cosas para ti mismo y para tu aprendizaje.

Aprender a decir no, la solución de Sócrates

¿Cómo aprendí a decir no? He comprendido a lo largo de los años que es mejor dedicar un minuto a justificar una negativa que pasar cuatro horas haciendo algo que no querías hacer. Atrévete a decir que no estás disponible.

Para lograrlo puedes inspirarte en los filtros de Sócrates. Cuando su discípulo le preguntó «¿Sabes lo que acabo de saber sobre tu amigo?», el filósofo griego le planteó a su vez tres preguntas, como un tipo de filtro, para decidir si escucharía o no lo que su discípulo estaba deseando revelarle:

1. ¿Lo que vas a contarme es cierto?
2. ¿Lo que vas a contarme es bueno?
3. ¿Lo que vas a contarme va a serme de utilidad?

Para decir no, crea tus propios filtros. ¿Te invitan a ir al cine y no tienes claro si deberías negarte? Tus filtros pueden ser: ¿Me servirá para relajarme? ¿La película puede contribuir a mi aprendizaje? ¿Quiero sentir hoy emociones fuertes, potencialmente inspiradoras? Cada uno tiene sus propios filtros. Se trata de saber lo que es bueno para uno mismo en el momento presente, pero también para su deseo de aprender. Establecemos nuestras condiciones, que pueden variar dependiendo del momento: puede que necesitemos trabajar en un proyecto y mantener nuestro objetivo, pero también las relaciones sociales, practicar deportes, evadirnos… Escucharnos a nosotros mismos es el mejor y más potente apoyo para ayudarnos a decir no, porque sabemos la razón por la que nos estamos posicionando. Cuanto más sólida sea nuestra postura con más facilidad podremos decir no.

6. Practicar el *batching*, eficiencia garantizada

El *batching*, que se puede traducir como «procesamiento por lotes», consiste en agrupar tareas similares para hacerlas a la vez y así ahorrar tiempo. Con frecuencia se habla de *batch cooking*: que consiste en dedicar varias horas a cocinar, los fines de semana, para preparar las comidas de la semana entera. La idea subyacente es simple: ya que nos metemos en harina, ¡hagámoslo todo! El tiempo ahorrado al cabo de la semana es considerable.

Puedes aplicar el *batching* a tu vida diaria, y también al trabajo o al aprendizaje. Por ejemplo, dedicar un momento concreto del día o de la semana a gestionar todos tus correos electrónicos, a hacer las compras semanales, planificar un día de lectura o una mañana de llamadas si tenemos muchas... Para planificar tu *batching* estudia las tareas parecidas que hayas apuntado en tu lista de tareas pendientes y agrúpalas.

El ritmo circadiano, o el momento adecuado para usar tu cerebro

Administrar mejor tu tiempo y ahorrarlo a diario implica también prestar atención al propio cuerpo y a sus capacidades. ¿Alguna vez has trabajado o aprendido sin concentración? Esta sensación de moverse «en el vacío» se debe, muy especialmente, a no prestar atención a lo que se conoce como *ritmo circadiano*, que se puede definir como «un reloj interno que impone ciclos de veinticuatro horas al organismo».[4] Se trata de un reloj que funciona al ritmo de la luz y que hace que nuestro cuerpo tienda a dormir cuando está oscuro y a despertar cuando es de día. Nuestro ritmo circadiano organiza nuestro ciclo sueño-vigilia y, en paralelo, gestiona otras funciones biológicas como la presión arterial, la temperatura corporal, el apetito...

Al final del día, cuando llega la oscuridad, nuestro reloj circadiano segrega melatonina, la hormona del sueño, que alcanza su pico entre las dos y las cuatro de la madrugada. Pasado este momento, la concentración de esta hormona desciende poco a poco hasta llegar a ser casi nula por la mañana. Por tanto, cuando trabajamos por la noche por lo general estamos yendo a contracorriente: pretendemos que nuestro cerebro se concentre cuando

[4] Dossier Inserm, «Chronobiologie: les 24 horas chrono de l'organisme», 2017.

nuestro cuerpo está preparándose para dormir. Obviamente, el ritmo circadiano varía también según las estaciones y no es el mismo en verano que en invierno: cuando las noches son más largas la melatonina se segrega un poco antes.

El ritmo circadiano también nos enseña que nuestro estado de alerta es máximo alrededor de las diez de la mañana, ya que la luz interviene en nuestro despertar. También garantiza un buen funcionamiento cognitivo para el resto del día.[5] El Institut National de la Santé et de la Recherche Médicale (Inserm, Instituto Nacional de Salud e Investigación Médica) habla de «higiene de la luz»: tenemos que exponernos a la luz natural por la mañana, aunque solo sea abriendo las persianas.

Esto hace que tengamos mayor predisposición para trabajar y aprender durante el día. Pero, ¿cuándo exactamente? Pues por la mañana: como el cerebro se *reinició* durante la noche, podemos dedicarnos a lo que realmente nos importa. Por la tarde, y más noche, es distinto: a medida que pasan las horas vamos acumulando más información y, potencialmente, más estrés. Lo que acumulamos termina agobiándonos y generando desorden en nuestro cerebro. Al final del día, nuestros tres cuerpos —mental, físico y emocional (▸pág. 80)— dejan de estar sincronizados, o rara vez lo están: tal vez nuestro yo mental quiere leer, pero nuestro cuerpo físico está agotado y nuestro cuerpo emocional está tan cargado de emociones que nos impiden mantener la atención sobre lo que estamos haciendo.

Muchos de mis alumnos pueden dar fe de esta realidad: por la noche tardan dos o tres veces más en leer o aprender que por la mañana. Por tanto, si queremos trabajar codo con codo con nuestro cerebro es mejor organizar el aprendizaje por la mañana y mantener para la tarde tareas más «mecánicas», que requieran menos creatividad o reflexión (escribir correos electrónicos, llevar las cuentas de la semana…).

Invito a todos a probar en sí mismos esta realidad científica para optimizar su eficiencia.

---

[5] *Ibid.*

Las «mañanas milagrosas», un apoyo para la gestión del tiempo

Hace tres años descubrí el libro *Las mañanas milagrosas*,[6] escrito por el conferenciante y *coach* Hal Elrod. La práctica del *milagro* matutino consiste en despertarse por la mañana más temprano para realizar una serie de prácticas personales beneficiosas para el cuerpo y la mente, lo que, en consecuencia, lleva a acostarse antes para levantarse al día siguiente en mejor forma física, todo ello en consonancia con nuestro ritmo circadiano. Personalmente, ya no puedo prescindir de ello.

Descubre las «mañanas milagrosas»

Elrod nos anima a poner el despertador a las 5:30 de la mañana todos los días para «dedicar un momento a la persona en la que queremos convertirnos». Esto se consigue transformándolo en un hábito que integraremos en nuestra rutina diaria. Al principio es un poco difícil, pero muy pronto nos daremos cuenta de que estamos centrados al máximo en nuestros objetivos y que conseguimos hacer muchas más cosas al cabo del día.

Dicho esto, no es necesario poner el despertador necesariamente a 5:30. Basta simplemente con levantarse 30 minutos antes de lo habitual para completar seis tareas que duren, al menos, cinco minutos cada una. Por supuesto, ninguna de las que propongo a continuación es obligatoria y puedes apropiártelas y explorarlas a tu gusto:

- 5 minutos de silencio, para ganar claridad y confianza. Unos minutos de calma completa ayudan a empezar bien el día. Meditar, orar, reflexionar, respirar profundamen-

[6] Hal Elrod, *The Miracle Morning: The 6 Habits That Will Transform Your Life Before 8AM*, Nueva York, John Murray Learning, 2017. (H. Elrod, *Las mañanas milagrosas*, trad. Aina Girbau, Zenith, Barcelona, 2016. *N. de la T.*).

te, practicar la gratitud, son algunas maneras de estar en silencio que te permiten dejar a un lado tus preocupaciones diarias.

- 5 minutos de afirmaciones positivas, para convertirte en la persona que quieres ser y lograr tus objetivos. Repetir afirmaciones positivas es como enviar mensajes positivos a tu subconsciente. Es una forma de autohipnosis, ya que la hipnosis es una disciplina que te invita a «reprogramar» tu inconsciente. En definitiva, puedes decirle a tu cerebro: «Voy a lograrlo», «Puedo tener éxito», «Voy a ser bueno en matemáticas». Cuanto más te repites este tipo de mensajes, más los integras y crees en ellos.
- 5 minutos de visualización, para situarse adecuadamente. Se trata de proyectar en una pantalla mental las situaciones a las que te enfrentarás durante el día. Visualiza los más mínimos detalles (tu comportamiento, las palabras que usarás en tus reuniones, tu entorno de trabajo...). No olvides visualizar también los resultados que esperas lograr y pregúntate cómo te sientes cuando consigas estos resultados. Siente profundamente los cambios en tu cuerpo y en tu mente. Imagina un día ideal: llevas a cabo tus tareas con facilidad, confianza y placer.
- 5 minutos de ejercicio físico, para potenciar la energía y mejorar la salud. Este es el camino hacia la confianza y el bienestar emocional. Si no eres deportista no te saltes este paso. Unos pocos estiramientos son suficientes para hacer que te sientas bien.
- 5 minutos de lectura, para prepararse para el aprendizaje o el trabajo. La lectura es, por excelencia, la vía rápida para transformar cualquier área de tu vida. En los libros aprendes de otros y podrás inspirar a los demás. La lectura estimula el cerebro desde el comienzo del día.
- 5 minutos de escritura, para anotar tus ideas y aclarar tus pensamientos. Escribir es una herramienta muy útil porque te permite distanciarte de tus pensamientos y, a veces, incluso descubrirlos, sobre todo si dedicas unos mo-

mentos a anotarlos a primera hora de la mañana. Puedes escribir lo que te venga a la mente. Déjate ir. El objetivo no es volver a leer lo que hayas escrito, aunque por supuesto puedes hacerlo, sino trasladar tus emociones, tus pensamientos, tu mirada, a una hoja de papel. Es liberador y muy instructivo. Aprendes cosas sobre ti mismo y sobre tus deseos, incluso puedes usar esta nueva información para precisar mejor tus objetivos.

La técnica de las «mañanas milagrosas» cambió mi vida. Este ritual matutino me permitió comenzar mis días con serenidad, mantenerme positivo y motivado hasta la noche, estar más relajado, hacer del ejercicio una práctica diaria, leer mucho más, organizar mis proyectos, ganar tiempo para mi familia y, más adelante, ganar también los campeonatos de Francia de mapas mentales y los campeonatos del mundo de lectura rápida. A decir verdad, ya no limito mis «mañanas milagrosas» a 30 minutos: mis sesiones duran dos horas completas.

Cómo adaptar el método de las «mañanas milagrosas» a tu aprendizaje

Si proyectas aprender o trabajar por la mañana, especialmente para estar en sintonía con tu ritmo circadiano, es posible que te preguntes si el método de las «mañanas milagrosas» puede hacerte perder el tiempo. Entiendo perfectamente tu pregunta. Al fin y al cabo, si te despiertas bien, ¿por qué no actuar de inmediato? Te propongo tres respuestas:

- En primer lugar, y en teoría, cada «mañana milagrosa» solo requiere 30 minutos. Nuestra fase máxima de vigilia se produce alrededor de las diez de la mañana, así que no es una pérdida de tiempo meditar o hacer ejercicio antes de esta hora. Podemos hacer cualquier cosa. Por otra parte, dado que el método de las «mañanas milagrosas» propone levantarse más temprano, en realidad estamos sacando tiempo de nuestro sueño sin restárselo al de la jornada.

- El objetivo de las «mañanas milagrosas» es beneficiar tanto el cuerpo como la mente. Por tanto, al practicar este método somos más capaces de aprender y trabajar No desperdiciamos recursos: los desarrollamos.
- Por último, podemos rediseñar nuestra «mañana milagrosa» y adaptarla a nuestro aprendizaje. Por ejemplo, si quieres leer más sobre un tema o aprender un idioma puedes dedicar 15 minutos de tu «mañana milagrosa» a este objetivo, sobre todo si a lo largo del día no tienes ocasión de hacerlo.

Si quieres probar el método de las «mañanas milagrosas» puedes empezar utilizando el horario establecido por su creador. Cuando te sientas cómodo, tu rutina se adaptará por sí sola y crearás tus propias «mañanas milagrosas», lo que sin duda repercutirá sobre tu aprendizaje...

HACIA EL TIEMPO ILIMITADO: 5 LEYES PARA HACKEAR EL TIEMPO

Quiero presentarte una serie de leyes para hackear el tiempo que se inspiran en el funcionamiento de nuestro cerebro. Conocerlas es muy importante, podrías adoptarlas como mantras personales.

1. La ley de Parkinson:[7] cuanto más tiempo tengas para hacer algo, más tiempo te llevará

En efecto, cuanto más tiempo tenemos para hacer algo, más lo pensamos, más nos dispersamos. Por eso es importante establecer

---

[7] C. Northcote Parkinson, *Parkinson Law and Other Studies in Administration*, Rolling Meadows, The Riverside Press, 1957. (C. N. Parkinson, *La ley de Parkinson, y otros ensayos sobre administración*, Seix Barral, Barcelona, 1998, *N. de la T.*).

un tiempo concreto para cada acción. La ley de Parkinson requiere *plazos*. El cerebro funciona con plazos, le gustan las etapas y la planificación. La restricción lo hace más eficiente. No dudes en aclarar tus objetivos con el método SMART (▸pág. 109) y delimitarlos en el tiempo.

2. La ley de Murphy: una acción siempre llevará más tiempo de lo previsto

Tal y como la conocemos, la ley de Murphy establece que «si algo puede salir mal, infaliblemente saldrá mal», pero existe una variante en el ámbito del trabajo, la organización y gestión del tiempo según la cual una acción siempre llevará más tiempo de lo esperado. ¿Qué podemos aprender de esta idea? Que siempre debemos contar con un margen de maniobra para lo inesperado. Lógicamente, esta ley así revisada también recomienda tener en cuenta los «momentitos»: el tiempo para llegar a una reunión, el que dura un trayecto o un viaje, el que dedicamos a comer, una pausa para descansar... Preverlos y contar con ellos es como invertir en pérdidas, porque es mejor dedicar tiempo a organizarse que llegar corriendo a todo.

3. La ley de Laborit: lo más difícil primero

La ley de Laborit nos dice que a nuestro cerebro le gusta empezar con las tareas más placenteras y que eso es normal. Prefiere evitar tareas complicadas y estresantes. Sin embargo, hasta que no las hagamos nos estarán persiguiendo. La ley de Laborit, por tanto, nos propone un desafío: comenzar con lo difícil, para liberarnos. En definitiva, confirma que es mejor meter primero las piedras grandes en el jarrón para que el resto del día transcurra más tranquilo. Lo ideal, por supuesto, sería disfrutar de estas tareas prioritarias.

4. La ley de Taylor y la ley de Kotter: el placer es una fuerza motriz

La ley de Taylor complementa la ley de Laborit, ya que nos recuerda que el orden en que se realizan las tareas es fundamental: empezar el día con las cosas importantes y que nos aportan placer nos permite pasar una buena jornada después. Lo que haces primero establece el *tono* del día. Procuremos introducir placer en nuestras prioridades o, al menos, intentemos obtener la máxima satisfacción una vez cumplidos nuestros objetivos. Si aplicamos el método Pomodoro (▶pág. 129), que propone trabajar en tramos de 25 minutos para disfrutar de una pequeña victoria durante ese lapso de tiempo, incluso podremos sentirnos satisfechos mientras los llevamos a cabo.

También podemos adaptarnos a la ley de Kotter, que propone buscar resultados inmediatos: no hay nada que le guste más a nuestro cerebro. Podemos empezar el día con una minitarea que nos dé placer y satisfacción, antes de meternos de lleno en la gran tarea. Es un buen compromiso.

5. La ley de Fraisse: una hora no siempre equivale a una hora

No siempre tenemos la misma percepción del tiempo, depende de la actividad en la que estemos inmersos: pasar una hora en el tráfico no es lo mismo que pasar una hora de risas con los amigos. En el primer caso, el tiempo parece interminable; en el segundo es como si se nos escurriera de entre las manos. Esto tiene una explicación fácil: cuanto más disfruta nuestro cerebro de la tarea en cuestión, más rápido pasa el tiempo. Para mejorar nuestra relación con el tiempo y concentrarnos mejor en lo que estemos haciendo, lo que debemos buscar, por tanto, es la noción de placer: si abordo una tarea con entusiasmo, una hora sigue siendo una hora; pero pasará rápidamente y la tarea me resultará menos laboriosa. ¿Hasta el punto de ser eficiente? ¡Sin duda! Porque cuanto más nos divertimos más rápido pasa el tiempo, lo que significa, en general, que estamos concentrados al máximo. La concentración es increíblemente útil para la eficiencia, como veremos en el próximo capítulo.

Si la tarea en sí misma no te reporta placer alguno, piensa de nuevo en la satisfacción que experimentarás cuando la termines o prométete una recompensa. Estas expectativas, por sí solas, resultan placenteras para el cerebro y funcionan como incentivos.

QUÉDATE CON ESTO:

- Hay cinco tipos de tiempo: tiempo para uno mismo, tiempo obligatorio, tiempo personal, tiempo profesional y tiempo perdido. El aprendizaje forma parte del tiempo para uno mismo, ya que contribuye a la evolución y el bienestar personales.
- Probablemente perdemos mucho tiempo. Es interesante darle la vuelta a la situación transformando el tiempo perdido en tiempo para uno mismo.
- Definir nuestros objetivos, a corto o largo plazo, nos permite administrar el tiempo y ganarlo, porque sabemos dónde vamos.
- El ritmo circadiano, que se refiere a nuestro tiempo interno, nos muestra que somos más eficientes por la mañana. Por tanto, para conseguir un rendimiento máximo, es mejor trabajar por la mañana que por la noche.
- La procrastinación frecuentemente surge del miedo al fracaso. Recuerda que uno es mejor que cero: hacer un poco es mejor que no hacer nada.

5

CONCENTRACIÓN ÓPTIMA

> Un ganador es un soñador que nunca abandona.
>
> NELSON MANDELA

Sin concentración perdemos la capacidad de aprender. ¿Cuántas personas me dicen que pasan las páginas de un libro mecánicamente hasta que, al cabo de cinco minutos, se dan cuenta de que están leyendo «en vacío»? La falta de concentración, o la incapacidad de concentrarse por un entorno de trabajo inadecuado, con frecuencia impide que terminemos una tarea que es importante para nosotros.

La concentración es uno de los pilares de la eficiencia. Por extensión, también es fundamental para la gestión del tiempo. Cuando estamos concentrados conseguimos hacer más en menos tiempo y, además, nuestros resultados son mejores. La concentración es una garantía de calidad, ya que hace que estemos vinculados al máximo con la tarea que estamos ejecutando, poniendo en juego el máximo de competencias para realizarla mejor.

Pero, ¿qué es exactamente la concentración? Tendemos a representarla por una actitud, la de una persona que entrecierra los ojos y tensa la cara para entrar en comunión con el momento presente. Sin embargo, estar concentrado no significa estar tenso a nivel corporal o tratar llevar a cabo una tarea a toda costa. Simplemente, es estar totalmente conectado con lo que se está haciendo. Cuando este contacto se rompe dejamos de estar concentrados. Por tanto, todo se reduce a establecer contacto con lo que haces para, a continuación, mantenerlo lo más posible. De alguna manera, es una cuestión de llegar a «unirse» con la tarea que estamos ejecutando.

EL ESTADO DE FLUJO, EL RÍO DE LA CONCENTRACIÓN

Cuando estamos tan estrechamente conectados a la actividad que estamos realizando que prácticamente formamos una unidad con ella nos encontramos en lo que se llama «estado de flujo» (*flow*, en inglés). Este estado tan particular es al que queremos llegar. Puede definirse también como un estado de concentración máxima durante el cual no existe nada más, excepto nuestro objetivo. Un deportista en estado de gracia, un lector que no oye el timbre, un músico inmerso en la pieza que está interpretando, un autor que vive su texto… Todas estas son experiencias del estado de flujo.

El concepto de estado de flujo, o experiencia de flujo, fue formulado por Mihaly Csikszentmihalyi,[1] psicólogo húngaro conocido por su trabajo sobre este tema. El estado fluido recibe su nombre de los muchos testimonios registrados por el especialista: los entrevistados se describieron a sí mismos como «llevados por la corriente de un río».

Las 3 características del estado de flujo

1. Cuando estamos en flujo sentimos placer. En ese sentido, este estado hace eco de la ley de Fraisse (▸pág. 124): en inmersión total, el tiempo pasa muy rápido. Estamos totalmente enfrascados en lo que hacemos y experimentamos una especie de éxtasis.

---

[1] *Flow: The Psychology of Optimal Experience*, Nueva York, Harper & Row, 1990. (M. Csikszentmihalyi, *Fluir (Flow): una psicología de la felicidad*, trad. Nuria López; Kairós, Barcelona, 1997. *N. de la T.*).

2. Estamos tan concentrados que aumenta nuestra agudeza mental: si encontramos obstáculos, los abordamos de inmediato. Nunca perdemos el hilo del problema.

3. Experimentamos una sensación de satisfacción, que nos ayuda a mantener e incrementar la motivación y la concentración. Trabajamos cada vez mejor porque estamos orgullosos. Incluso las rutinas de trabajo resultan más gratificantes e intencionales.

En realidad, todos hemos experimentado alguna vez —y más de una vez— el estado de flujo o fluido. Por ejemplo, cuando estamos tan sumergido en un libro o en una película que nada nos altera estamos en un estado de flujo. Todos podemos alcanzar este estado.

Hay métodos muy sencillos para lograrlo. Por supuesto, requieren entrenamiento: cuanto más buscas el estado fluido, cuanto más aprendes a entrar en él, cuanto más lo experimentas, más fácil es alcanzarlo. Al principio podemos familiarizarnos con el estado de «semiflujo», durante el cual nuestra concentración aumenta pero todavía no ha alcanzado su punto álgido. Lo que sucede afuera de nosotros puede distraernos o podemos dejarnos llevar por algún pensamiento que se nos cruza por la mente… pero aún seguimos conectados con la tarea que estamos haciendo, en el presente.

Este estado también es muy útil porque, pese a todo, es fluido. En el estado de semiflujo estamos enfocados y somos eficientes. Pero sabemos que podemos ir más allá, lo cual resulta aún más alentador. Por tanto, el objetivo será alcanzar un buen nivel de concentración y, después, aumentarlo con el tiempo. Al final habrás desarrollado auténticos reflejos y conseguirás concentrarte en un santiamén… y no permitirás que nada te distraiga.

Prioridad del método Pomodoro

La palabra *pomodoro* significa 'jitomate', en italiano, y se refiere al típico temporizador de cocina que tiene la forma de este fruto. El método Pomodoro es una técnica de gestión del tiempo diseñada por el empresario Francesco Cirillo,[2] a finales de la década de 1980, que nos proporciona el marco adecuado para alcanzar la concentración.

Este método tiene en cuenta la capacidad de concentración de nuestro cerebro, pero también sus debilidades para acceder a ella. En el estado de concentración máxima, la atención decae al cabo de 25 minutos. De hecho, cada 25 minutos empezamos a perder concentración y eficiencia. A veces sentimos que todavía estamos concentrados y eso es normal, ya que nuestra concentración no desaparece de forma repentina. Sin embargo, va disminuyendo gradualmente.

El método Pomodoro nos invita a trabajar intensamente durante 25 minutos para, a continuación, hacer una breve pausa de 5 minutos y volver de nuevo a la tarea. Este ritmo es la mejor manera de utilizar nuestros recursos en términos de concentración: al concedernos un descanso, evitamos que nuestra concentración decrezca, como se muestra en el siguiente gráfico:

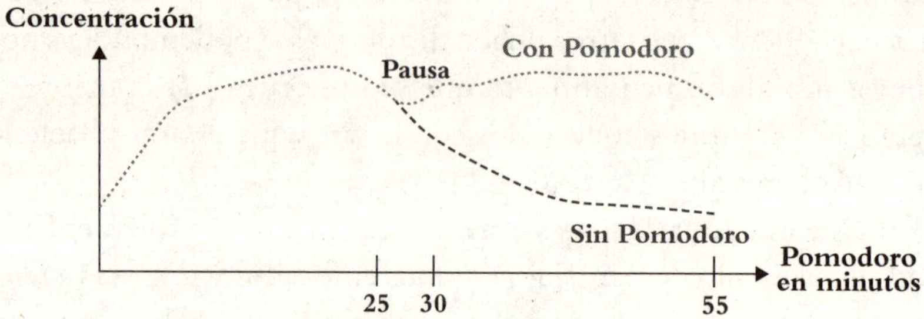

Curva de la atención

Para administrar tu tiempo mediante este método es mejor usar un temporizador, porque así no hay que estar mirando el reloj.

[2] Francesco Cirillo, *La technique Pomodoro*, Diateino, Harper & Row, 2019. (F. Cirillo, *La técnica Pomodoro*, trad. Montserrat Asensio, Paidós, Barcelona, 2020. *N. de la T.*).

Las 5 fases del método Pomodoro

1. Primero entramos en estado de preflujo —o, lo que es lo mismo, en «estado de recursos»—, es decir, nos preparamos para nuestro primer *pomodoro* a través de algunos ejercicios concretos que veremos a continuación.

2. Durante los 25 minutos que dura el *pomodoro* tratamos la tarea que vamos a realizar y que definimos previamente (▸pág. 132, «Sin objetivo no hay concentración»). Durante esta fase nuestra concentración sigue aumentando. Alcanzamos el estado de flujo.

3. Cuando suena el temporizador nos detenemos. No pasa nada si terminamos el correo electrónico o la frase que estábamos escribiendo, no deberían suponer más de diez segundos.

4. ¿Qué hacemos durante estos 5 minutos de descanso? Nada de mirar el celular ni de empezar un correo electrónico: bebemos agua, hacemos algunos estiramientos y nos movemos para oxigenarnos. Yo incluso doy algunos saltos para recargar energía.

5. Transcurridas dos horas —es decir, después de cuatro *pomodoros*— hacemos un descanso más largo, de 15 a 20 minutos. Aquí aconsejo salir a tomar el aire y tomar una buena taza de té. Después podemos seguir con otra sesión de cuatro *pomodoros* si es necesario.

La ventaja de este método, increíblemente efectivo, es que nos permite aprovechar al máximo nuestra concentración y administrar nuestro tiempo maravillosamente. Sin embargo, puede producir cierta frustración, sobre todo cuando lo practicamos por primera vez: al cabo de 25 minutos estamos en pleno estado de flujo y no vemos qué interés tiene interrumpirlo con un descanso.

Ahí van unas cuantas razones para convencerse de ello:

- El método Pomodoro establece intervalos de 25 minutos, pero se pueden ampliar hasta 35 minutos (como máximo), dependiendo del trabajo y del conocimiento que tengas de ti mismo.

- Como puede verse en el gráfico anterior (▸pág. 130), cuando haces una pausa en pleno estado de flujo no lo estás «acumulando», al contrario, te cuidas y te lo reservas. Durante los 5 minutos de descanso el estado de flujo se mantiene y volveremos a entrar fácilmente en este estado después del descanso. A la inversa, si seguimos con la tarea sin concedernos un breve receso, nuestro estado de flujo se deteriora y es más difícil recuperarlo.
- El método Pomodoro nos permite ser más eficientes porque nos estamos fijando *plazos*. Como veíamos en el capítulo 4, la ley de Parkinson nos recuerda que cuanto más tiempo tenemos para completar una tarea más tardamos en hacerla. Gracias al método Pomodoro podemos avanzar sin retrasos.
- El método Pomodoro potencia la memoria porque multiplica tanto el «efecto de primacía» como el «efecto de recencia». El efecto de primacía (o «principio de la lista») significa que retenemos más la información recibida al comienzo de una sesión de trabajo; el efecto de recencia (o «final de la lista»), por su parte, que retenemos más la información recibida al final de la sesión de trabajo. Si trabajamos dos horas sin descanso nos beneficiamos de un solo efecto de primacía y uno solo de recencia, mientras que si trabajamos dos horas divididas en cuatro *pomodoros* retenemos cuatro veces más información, es decir, cuatro veces al comienzo de la sesión y cuatro al final de la misma.
- La frustración que a veces se experimenta al interrumpir la tarea para concederse un descanso es beneficiosa porque aporta motivación: estamos deseando volver a la tarea, lo que hace que rápidamente entremos en el estado de flujo que acabamos de dejar.

Sin objetivo no hay concentración

Sin tener un objetivo predefinido es difícil concentrarse y entrar en estado de flujo, sencillamente porque un objetivo claro es una fuerza motriz: cuando sabemos hacia dónde vamos podemos orientar nuestra mente hacia la meta. Esta focalización es un ingrediente de la concentración. Te invito, por tanto, a definir tu objetivo general mediante el método SMART, que veíamos en el capítulo anterior, pero también a identificar tus objetivos: si pretendes avanzar todos los días en tareas concretas debes organizarte con antelación, haciendo una lista de tareas pendientes para tener claro hacia dónde quieres ir. En cambio, si te pones a trabajar sin una visión clara del camino a seguir, corres el riesgo de perder el tiempo, de dispersarte, y no conseguirás concentrarte. Para concentrarte bien necesitas un objeto de concentración.

No dudes en hacerte un «horario Pomodoro» para anotar claramente las tareas que planifiques durante un día en unos diez *pomodoros*. Si miras el gráfico al final de la jornada podrás ver que has hecho grandes progresos. Resulta muy gratificante.

2 EJERCICIOS CLAVE PARA ALCANZAR EL ESTADO DE PREFLUJO, O «ESTADO DE RECURSOS»

El «estado de recursos» es el que precede al estado de flujo y permite alcanzarlo. Sería como subir los peldaños de la escalera que conducen a una concentración óptima. De la misma manera que un gimnasta no se lanza a la colchoneta sin haber calentado antes, antes de iniciar un *pomodoro* hay que entrar primero en «estado de recursos».

Para acceder a este estado propongo dos ejercicios que se basan en la coherencia cardiaca, la técnica de respiración para relajarse que ya analizamos (▶pág. 81). Ambos se basan en los patrones de respiración 5-5: inhalar durante 5 segundos y exhalar durante 5 segundos. Si la coherencia cardiaca se practica tres veces al día (mañana, tarde y noche), los ejercicios que explicaré a continuación se pueden practicar al ponerse a trabajar, justo antes de iniciar el primer *pomodoro* de una sesión de dos horas.

Puedes probar a hacer estos dos ejercicios y elegir el que más te convenga, o alternarlos según tus necesidades.

Ejercicio 1. La vela meditativa

El ejercicio de la vela permite mantenerse en una especie de burbuja, perfectamente conectados con el momento presente. Este ejercicio es ideal cuando queremos despejar la mente y aislarnos del mundo exterior. Dura solo un minuto.

- Siéntate en una silla, con la espalda recta y las manos apoyadas en las rodillas.
- Cierra los ojos. Imagina que eres una vela y que una llama brilla sobre tu cabeza.
- Inhala durante 5 segundos (como en los ejercicios de coherencia cardiaca), visualizando la llama.
- Exhala durante 5 segundos e imagina que la cera de la vela fluye. Se desliza por tu cara y desciende hasta los hombros. Fija tu mente en la sensación y la calidez.
- Inhala de nuevo durante 5 segundos y luego exhala durante 5 segundos más. Ahora la cera desciende por tu pecho y tu espalda.
- Repítelo una vez más. La cera se desliza a través de tus piernas y llega a tus pies, ahora se extiende suavemente por el suelo.

El ejercicio de la vela también es estupendo para el proceso de memorización, porque activa el sistema VAK, es decir, tus tres canales de percepción (▸pág. 97):

- El visual (V): visualizas una vela, desde la llama a la cera.
- El auditivo (A): te escuchas respirando profundamente.
- El kinésico (K): te enfocas en tus sensaciones corporales siguiendo el recorrido de la cera caliente.

Cuando nuestros tres canales de percepción están alerta memorizamos mejor. Cada fragmento de información encuentra una vía para llegar a nuestro cerebro. El ejercicio de la vela permite que tus canales perceptivos se abran, lo cual es excelente para la sesión de trabajo que vas a iniciar.

Ejercicio 2. La manzana roja

El ejercicio de la manzana también dura un minuto. Favorece la concentración y logra enfocar el objetivo que se desea alcanzar. Se podría decir que es como un disparo motivacional, además de prepararnos para el estado de flujo. Me gusta mucho este ejercicio, sobre todo porque al practicarlo continuamente puedo hacerlo en cualquier sitio y en cualquier momento y siempre que necesito volver a enfocarme y tomar posesión de todos mis recursos.

- Siéntate en una silla con la espalda recta, con las manos sobre las rodillas o a ambos lados del cuerpo.
- Imagina que te colocan una manzana roja en la cabeza. ¿Por qué roja? Porque este color es un marcador e invita poderosamente a fijar la atención en la fruta.
- Realiza tres respiraciones: inhala durante 5 segundos y exhala durante 5 segundos más, tres veces seguidas. Durante tus respiraciones visualiza la manzana. Solo la ves a ella. Lo único que cuenta es la manzana.
- Ahora, deja que tu mente se desvíe de tu objetivo y visualízate a ti mismo logrando tu objetivo durante tres nuevas respiraciones: te ves leyendo, pasando páginas, respondiendo a correos electrónicos…
- Para concluir, formula tu objetivo en voz alta.

Al centrarnos en la manzana roja preparamos nuestro cerebro para enfocarnos en el objetivo que enuncias a continuación. Esto nos permite centrarnos con todos nuestros medios en la tarea que tenemos que hacer, porque cuanto más nos enfocamos en un punto específico más ahuyentamos a los pensamientos parasitarios que rondan nuestra mente y nos distraen.

Crear rituales de trabajo

Nuestro cerebro es una máquina que toma decisiones. Sopesa continuamente los pros y los contras, sin parar: tomar el camino de la derecha en lugar del de la izquierda, tomar esta taza o aquella para tomarse un café... Esta actividad con frecuencia es imperceptible y, sin embargo, la toma de decisiones, por intrascendentes que parezcan, supone una demanda de energía para nuestro cerebro.

Podemos facilitar este proceso estableciendo ciertos rituales. Si cada mañana sé que tomaré mi café en mi taza favorita y me sentaré en mi escritorio a la misma hora con mi lista de tareas ya hecha podré concentrarme mejor en mi trabajo. Mi cerebro ya no se dispersará, sabrá exactamente por dónde empezar.

Trabajar en el entorno apropiado

El éxito no solo es fruto de la perseverancia, sino también de la capacidad de crear un espacio que facilite nuestro trabajo. Por tanto, es esencial elegir un entorno de trabajo que favorezca la concentración. Depende de ti: si tu mesa de trabajo está situada cerca de una ventana y cada cierto tiempo te distraes mirando por ella, deberías plantearte cambiar la distribución de la habitación. Recomiendo trabajar en un entorno despejado y sobrio para evitar cualquier distracción. Por esta razón muchas personas disfrutan trabajando en una biblioteca: son espacios tranquilos y ordenados y, muy importante, seguro que al tratarse de un espacio público no dejas todas tus cosas esparcidas sobre la mesa. Quédate con lo básico: sobre el escritorio solo debe estar la computadora o el libro con el que estás trabajando, nada más.

Escuchar «ruido blanco»

La música nos relaja e inspira. Puede ser útil trabajar con música para potenciar la creatividad, porque asociamos la música con la emoción. También es una auténtica entrenadora deportiva: con la música nos motivamos. Sin embargo, cuando la tarea que tenemos entre manos no es de tipo creativo, sino más bien de comprensión o memorización, la música puede impedir que nos concentremos. Aunque puede aislarnos del mundo que nos rodea es probable también que nos desestabilice, al despertar algún recuerdo o invitándonos a tararearla.

Para aislarse del mundo exterior con sonido tenemos el llamado «ruido blanco», que son sonidos de la vida cotidiana: el murmullo de las olas, el repiquetear de la lluvia, el agua que fluye a borbotones, el bullicio de un restaurante, el ronroneo de una máquina... Son sonidos que consiguen que dejemos de oír el mundo exterior. Esto se explica de forma muy sencilla: el ruido blanco reúne todas las frecuencias de un mismo sonido, de modo que satura nuestro sistema auditivo hasta el punto que ya no puede concentrarse en los sonidos concretos que nos llegan del exterior (el taconeo de la vecina de arriba, el llanto de un bebé, el perro que no para de ladrar, la radio que alguien dejó encendida...). El ruido blanco no tiene sentido, así que al final dejamos de oírlo. Este suele ser el momento en que entramos en un estado de flujo.

Encontrarás ruido blanco en YouTube, Spotify o en pódcast. También hay aplicaciones para teléfonos inteligentes que ofrecen una amplia variedad. Te aconsejo que te pongas los auriculares para que tu burbuja sea lo más opaca posible.

Mantener la concentración a toda costa

Sin embargo, el hecho de que hayamos entrado en un estado de flujo o semiflujo y nuestra concentración sea óptima no significa que estemos a salvo de distracciones o interrupciones. Los estudios demuestran que se necesitan varios segundos, incluso varios minutos, para volver a concentrarse después de que algo nos haya sacado de este estado. De esta observación nació la ley de Carlson, que nos dice que «hay que limitar las interrupciones en nuestras tareas». Sune Carlson, el economista sueco que formuló esta ley, explica en su trabajo que «el tiempo perdido al interrumpir una tarea es mayor que el tiempo que dura la interrupción». Sin embargo, esta ley no contradice el método Pomodoro:

aunque no es deseable que nos interrumpan mientras realizamos una tarea, siempre podemos trabajar en sesiones de 25 minutos para mantener nuestra concentración y fijar nuestros propios descansos, en lugar de que nos los impongan. Debemos procurar que no nos molesten durante nuestros 25 minutos de *pomodoro*, ya que todo lo que nos saque de nuestra concentración es malo… para esta.

Por tanto, aprender a concentrarse es una cosa y aprender a *mantenerse* concentrado, otra. Hay 3 soluciones para preservar la concentración.

1. Ser consciente de cuándo se pierde la concentración

A veces nuestra mente se evade y perdemos contacto con la tarea que tenemos entre manos. Para recuperar la concentración debemos ser conscientes de que la perdimos. De hecho, cuanto más conscientes somos de estos pequeños deslices mejor podremos volver a nuestra tarea. Un buen ejemplo pueden ser las bandas sonoras que se ponen a ambos lados de las carreteras: están diseñadas de tal modo que provocan pequeñas sacudidas en el vehículo cuando los neumáticos entran en contacto con ellas, haciendo que el conductor recupere el estado de alerta y no se salga del camino. Podemos usar esta «llamada al orden» en cuanto nos demos cuenta de que perdemos la concentración, convirtiéndonos en nuestra propia «banda sonora». ¿Pero, cómo «redirigimos» nuestra concentración cuando vemos que nos estamos yendo hacia la zanja?

- Si un pensamiento te distrae, si tu mirada se desvía o no puedes evitar agarrar el celular, puedes dialogar contigo mismo y decirte: «Está bien, me salí un momento, pero enseguida regreso al camino».
- Respira profundamente durante 5 segundos, luego exhala en silencio durante 5 segundos más, y vuelve a la tarea.

No debemos obviar estas pérdidas de atención; al contrario, debemos aceptarlas. Cuanto más conscientes seamos de que nos suceden más fácil nos resultará volver a la tarea. Como les digo a mis alumnos, es posible que perdamos la concentración diez, quince veces durante un *pomodoro*. Pero no pasa nada: si salimos quince veces, volvemos quince veces. Poco a poco, trabajándolos, tendremos cada vez menos lapsos de desconcentración.

Si insisto en la necesidad de *tomar conciencia* de estos lapsos es porque, haciéndolo, es como avanzamos hacia la competencia inconsciente. Como vimos en el capítulo 1 en el apartado dedicado al ciclo de aprendizaje (▶pág. 50-53), la competencia inconsciente es sinónimo de dominio. Cuando llegamos a esta etapa de aprendizaje, ¡ni siquiera sabemos que lo sabemos! Sin embargo, para alcanzar esta etapa de excelencia debemos pasar por la etapa de competencia consciente. En la competencia consciente somos conscientes de nuestras deficiencias y trabajamos en ellas para llegar a la competencia inconsciente. En lo que se refiere a nuestros lapsus de concentración, esto significa que un día podremos perder la concentración y volver a entrar en ella al poco tiempo sin darnos cuenta e, incluso, llegar a no perderla en ningún momento. En otras palabras, ya no sabremos que sabemos cómo manejar nuestra concentración.

2. Preguntarse: «¿Por qué quiero concentrarme?»

La concentración te invita a estar en el momento presente. En otras palabras, cuando estamos concentrados *estamos* en lo que estamos haciendo. Cuanto más definamos de antemano los contornos de esta acción, así como el objetivo asociado a ella, más probable es que nos enfoquemos en lograrlo. Por eso insisto tanto en la noción de *objetivo*.

Si tu concentración flojea, bien porque te interrumpen o porque te cansas y cedes a la distracción, sé consciente de que «te saliste del camino» y pregúntate, a continuación, por qué estás trabajando en la tarea en cuestión. Hazte solo esta sencilla y clara pregunta: «¿Por qué?». Esta secuencia interrogativa hace que nos replanteemos las cosas rápidamente. Nos permite remodelar el objetivo original en un instante y encontrar la fuerza necesaria para comenzar de nuevo.

3. Identificar las fuentes de distracción para contrarrestarlas

Hay múltiples focos de distracción que interrumpen nuestra concentración. En primer lugar, obviamente, pensamos en el celular y las notificaciones que nos envía. Es muy importante aprender a trabajar sin él. Si lo usas para cronometrarte durante tu *pomodoro* puedes activar la función «silencio» o ponerlo en modo avión. Si estás trabajando en la computadora, mantén abiertas solo las pestañas que necesitas para no tener la tentación de leer todos los mensajes que van entrando en tu buzón.

Para animarte a que apagues tu teléfono cuando estés trabajando te sugiero lo siguiente: si te planteas hacer una sesión de meditación o incluso echarte una siestecita, ¿dejarías el celular encendido a tu lado? No, ¿verdad? Lo pondrías en silencio y, si no estás solo en casa, probablemente avisarías a las personas con las que convivas que necesitas un tiempo para ti. Para mantenerte concentrado cuando estudias o trabajas tienes que actuar de la misma manera.

Pero el teléfono no es el único elemento que puede sacarnos de nuestro estado de flujo. Te sugiero que tomes una hoja de papel y anotes tus fuentes de distracción: el gato, los niños, el vecino músico, la tentación de ir y venir a tu refrigerador para mordisquear un trocito de… lo que sea. Identificarlas te permitirá crear unas condiciones de concentración adecuadas a la naturaleza de los riesgos. Al cerebro suelen atraerle las distracciones, por descanso o comodidad y, sobre todo, porque es muy fácil. Por tanto, optemos por encerrarnos en nuestra burbuja.

5 consejos para iniciar una desintoxicación digital

La era digital nos ofrece muchas oportunidades para informarnos, y eso está muy bien. Solo que, cuando ya decidimos aprender, necesitamos sumergirnos en los conocimientos que nos propusimos adquirir, como un pianista se sumerge en la música. Y el mundo digital, en ocasiones, juega en nuestra contra: de forma regular sentimos la tentación de mirar el celular para mirar algo en internet, navegar por las redes sociales… Y, por si esto fuera poco, el celular no deja de requerir nuestra atención mediante llamadas, mensajes de todo tipo, grupos de chat… Invito a todo el mundo que se plantee mejorar su aprendizaje al separarse del teléfono. No se trata de no usarlo en absoluto, sino de recuperar el control en nuestra relación con él. Todo se reduce a 5 consejos:

1. Es posible saber cuánto tiempo dedicas a las distintas aplicaciones que utilizas. Revisa las cifras. Te ayudarán a tomar conciencia de tu «tiempo perdido», en las redes sociales, por ejemplo.

2. Desactiva las notificaciones: en cuanto recibimos una, aunque no tenga importancia, automáticamente nuestra mirada se dirige a la pantalla que se ilumina. Y, aunque no leas la notificación, no deja de ser una interrupción: la concentración se interrumpe y hay que volver empezar. ¡Acuérdate de la ley de Carlson!

3. Cuando estés trabajando, pon tu teléfono boca abajo y en modo silencio. Si quieres estar accesible para tu familia o algunos amigos puedes marcarlos como «números autorizados» y pasarán el filtro.

4. Cuando te vayas a la cama, aléjate del celular. Esta recomendación no tiene nada que ver con la concentración que necesitas para trabajar, pero poco a poco te ayudará a romper tu dependencia de él. Al menos, cuando te despiertes, no te lanzarás a ver el correo electrónico y comenzarás el día con más serenidad.

5. Recupera el contacto con los objetos reales. Cuando estés trabajando, en lugar de mirar la hora en el celular usa un reloj de pulsera o de sobremesa; si tienes que localizar una dirección recurre a un mapa en papel en lugar de a Google Maps; usa un cuaderno para anotar ideas en lugar de abrir la aplicación *Notas*… o cómprate un despertador para mantener el celular alejado de tu cama.

2 EJERCICIOS PARA EJERCITAR Y FORTALECER TU CONCENTRACIÓN A DIARIO

Aparte de los ejercicios para maximizar tu concentración en el momento oportuno, también hay otros que recomiendo practicar para fortalecerla a diario: son, por así decirlo, «ejercicios de fondo» que también se pueden realizar entre dos *pomodoros.*

Ejercicio 1. El punto negro

- Dibuja un gran punto negro en una hoja de papel. Cuélgala en la pared.
- Colócate a 2 metros de la pared, de pie.
- Durante 2 minutos, mira fijamente el punto negro. Solo eso. Es lo único que tienes que hacer.
- Puedes respirar en modo 5-5, según el método de coherencia cardiaca: inhalas 5 segundos, luego exhalas 5 segundos. Te ayudará a mantener fija la mirada.
- Si surgen pensamientos intrusivos, no importa. Es algo que puede ocurrir, como cuando se practica la meditación. Solo tienes que decirte que estás ahí y regresar al punto negro.

Este ejercicio te familiariza con la concentración. Aprendes a volver a lo que estás haciendo y también a mantenerte ahí. A base de práctica, las pérdidas de concentración serán cada vez menos.

Ejercicio 2. El juego del alfabeto

Este ejercicio fue diseñado por la NASA. Es excelente para la concentración. ¿Cómo funciona? El punto de partida es una tabla con las letras del alfabeto, por orden. Debajo de cada una aparecen las abreviaturas *D*, *I* o *A*.

- *D* significa «derecho»: indica que hay que levantar el brazo derecho.
- *I* significa «izquierdo»: indica que hay que levantar el brazo izquierdo.
- *A* significa «ambos»: indica que hay que levantar ambos brazos.

El juego consiste en leer las letras del alfabeto en voz alta, levantando los brazos según indique la abreviatura situada bajo cada letra. Cuando leas «A» en voz alta, como está la *D* debes levantar el brazo derecho. Al leer en voz alta la «B», en cambio, debes levantar el brazo izquierdo porque abajo hay una *I*.

¿Cómo practicar el juego del alfabeto?

- Sitúa la tabla frente a ti; procura mantenerte erguido y recto mientras realizas el ejercicio.
- Lee las letras del alfabeto una a una, a buen ritmo: no más de un segundo para cada letra, sin pausar la lectura entre una y otra. Al mismo tiempo que las lees debes levantar los brazos según se indica para cada una.
- Puedes utilizar la tabla que verás a continuación y fotocopiarla —ampliándola, si quieres—, pero también puedes hacer tus propias tablas. Diviértete cada día redistribuyendo las letras del alfabeto o incluso añadiendo unas y suprimiendo otras. Eso sí, evita poner las abreviaturas relativas a los brazos (*D*, *I*, *A*) debajo de las letras correspondientes (la D, la I o la A). ¡Sería demasiado fácil!
- Otras variantes: prueba a leer el alfabeto al revés —de derecha a izquierda—, o por columnas.

Letra (leer)	**A**	**B**	**C**	**E**
Brazo (levantar)	***D***	***I***	***A***	***A***
Letra (leer)	**F**	**H**	**I**	**J**
Brazo (levantar)	***I***	***D***	***A***	***D***
Letra (leer)	**K**	**L**	**N**	**O**
Brazo (levantar)	***A***	***D***	***A***	***I***
Letra (leer)	**Q**	**R**	**S**	**T**
Brazo (levantar)	***D***	***A***	***D***	***I***
Letra (leer)	**V**	**W**	**X**	**Z**
Brazo (levantar)	***I***	***A***	***D***	***A***

En el juego del alfabeto se eliminaron intencionalmente algunas letras (¡de lo contrario sería demasiado fácil!).

Quédate con esto:

- El estado de flujo es un estado especial, sinónimo de concentración óptima. Cuando lo alcanzamos conectamos plenamente con lo que estamos haciendo, nada existe a nuestro alrededor.
- Antes de entrar en estado de flujo es conveniente entrar en «estado de recursos», un estado preliminar de concentración. Es una forma de ponerse en forma. Hay dos ejercicios muy sencillos que nos abren a este «estado de recursos»: la vela meditativa y la manzana roja.
- El método Pomodoro consiste en trabajar durante 25 minutos y luego hacer un descanso de 5 minutos durante cuatro ciclos. Es la base del aprendizaje, ya que respeta

nuestra capacidad de concentración, que comienza a decaer al cabo de 25 minutos.

- El entorno en el que trabajamos afecta a nuestra concentración. Es fundamental evitar las distracciones en la medida de lo posible, especialmente nuestros teléfonos celulares.
- Tomar conciencia de cuándo perdemos la concentración —es decir, de todos esos momentos en los que perdemos el contacto con lo que estamos haciendo— nos permite recuperarla y volver a nuestra tarea. Esto es clave para una buena concentración.

6

LAS MEJORES TÉCNICAS DE MEMORIZACIÓN

> El futuro pertenece a quienes posean la más larga memoria.
>
> FRIEDRICH NIETZSCHE

El aprendizaje se basa en la memorización, es decir, en la adquisición voluntaria de conocimientos a través de la memoria. Comprender cómo funciona este proceso nos permite, por un lado, clasificar en el lugar correcto de nuestro cerebro la información que queremos retener y, por otro, encontrarla cuando sea necesario. Nuestra memoria, en otras palabras, es como un disco duro gigante compuesto por varios discos duros. Porque, en realidad, poseemos varios tipos de memoria y tenemos mucho que ganar si sabemos cómo almacenar la información en cada uno de ellos. Por tanto, si uno falla, el otro puede salvarnos. Este proceso de «almacenamiento múltiple» no requiere más gasto de energía: funciona de forma natural cuando utilizamos las técnicas adecuadas.

Existen varios métodos de memorización que son asombrosamente eficaces y que todos podemos adoptar ya mismo, incluso para recordar una simple lista de compras. Cuanto más utilicemos estos métodos más nítida se vuelve nuestra capacidad de memorización. Pero el propósito del entrenamiento no es solo facilitar la memorización de datos, sino que también tiene como objetivo vincular entre sí los datos que hemos ido almacenando en nuestros discos duros para fortalecer nuestra memoria. Porque esta es una tela de araña que podemos tejer hasta el infinito. Tengamos en cuenta que, al almacenar información, nuestro cerebro crea nuevas conexiones; las sinapsis que conectan las neuronas se hacen más fuertes. Este es el fenómeno conocido como *neurogénesis* que es posible gracias a la plasticidad cerebral (▸pág. 75). Por tanto, dado que las sinapsis vienen a ser como una red de caminos, podemos recorrer nuestra memoria yendo de información en información hasta encontrar lo que estamos buscando. Por esta razón, una llave fundamental de la memoria son las asociaciones: establecer vínculos entre toda la información que queremos retener nos ayuda a desplazarnos por nuestro cerebro como si fuera un enorme almacén de información perfectamente organizado.

Todos podemos convertirnos en atletas de la memorización. Todos podemos memorizar lo que queremos y encontrar la información que necesitamos en el momento adecuado. Si piensas lo contrario estás ante una creencia limitante. Para convertirte en un experto en tu memoria solo necesitas saber cómo funciona y cómo servirte de ella para rendir mejor.

Los 5 tipos de memoria

Tenemos cinco tipos de memoria que trabajan simultáneamente. Todos intervienen en el proceso de memorización, de ahí el interés en identificarlos y utilizarlos correctamente.

Nuestro objetivo es simple, pero doble, no pretendo hacer ningún juego de palabras... Para memorizar, debemos, por un lado, acompañar la información desde la memoria a corto plazo hacia las memorias a largo plazo y, por otro, aprender a almacenarla de forma duradera antes de que se desvanezca. Por tanto, el primer paso consiste en llenar las memorias a largo plazo y, el segundo, consolidar el trabajo realizado.

1. Memoria a corto plazo

Gracias a ella conservamos información que nos es útil de inmediato, como un número de teléfono o una dirección. También nos permite saber dónde acabamos de dejar la botella de agua que llevábamos en la mano al entrar en casa. Es una memoria indispensable para la vida cotidiana, que permanece constantemente activa y cuya función es almacenar provisionalmente los elementos que son necesarios para nosotros.

Obviamente, la memoria a corto plazo es efímera, como las palabras escritas en la arena que las olas borran a intervalos regulares. Se suele decir que la información se desvanece al cabo de unos minutos si no dimos la orden a nuestro cerebro para que la guarde. En la memoria a corto plazo la información entra y sale todo el tiempo. Muchas personas piensan que no tienen memoria porque no recuerdan un nombre, un número de teléfono o el menú que acaban de leer en el restaurante. No debemos confundir la memoria a corto plazo con la memoria «en sí». Es normal no retener la información proporcionada por este tipo de memoria. Además, solo es capaz de trabajar con siete datos a la vez. Es este número con el que juegan los magos e ilusionistas: saturan nuestros cerebros con información y perdemos la pista a lo que acabamos de ver u oír.

Pese a todo, nuestra memoria a corto plazo es muy útil porque la información siempre entra por esa puerta. Si queremos retener esa información, debemos actuar para trasladar los datos que nos aporta a los distintos «almacenes» de nuestra memoria a largo plazo.

2. Memoria perceptiva

También llamada «memoria sensorial», es la memoria de nuestros cinco sentidos. Se trata, en términos más precisos, de la memoria VAKOG, lo que significa que podemos dividirla en cinco dimensiones: memoria visual, auditiva, kinésica, olfativa y gustativa. Gracias a todas ellas memorizamos voces, olores y sensaciones. Ilustra perfectamente la experiencia de la famosa magdalena de Proust.

Esta memoria es muy importante porque interviene en la migración de la información desde la memoria a corto plazo hasta las memorias a largo plazo, por su capacidad de involucrarnos en la información que queremos retener recurriendo a nuestros cinco sentidos y despertando emociones en nuestro interior. Cuando una información en bruto, como «Tengo que llevarme el protector solar», pasa a través de nuestra memoria perceptiva lo que hace es movilizar nuestros canales de percepción. Se convierte en una información colorida y animada si la asociamos, por ejemplo, con el olor del protector solar o con una imagen de la playa. Envuelta en emociones, la información cobra forma y así se registra más fácilmente. La memoria perceptiva no solo es el principal portador de información hacia las memorias a largo plazo, sino también el más efectivo.

3. Memoria semántica (largo plazo)

Se trata de la memoria de las palabras, el conocimiento sobre uno mismo y el mundo. Es una especie de biblioteca interna llena de conceptos. Por ejemplo, gracias a ella conocemos el significado de las palabras, sabemos para qué sirve un horno o una máquina de café, podemos ubicarnos en una ciudad, y así sucesivamente. Está relacionada con la inteligencia lingüístico-verbal: las personas con esta inteligencia usan mucho su memoria semántica.

4. Memoria episódica (largo plazo)

Contiene la película de nuestra vida, o sus episodios. Se puede decir que es una memoria «biográfica». Gracias a ella sabemos quiénes somos, tenemos recuerdos de nuestra infancia, de nuestra juventud o de nuestras últimas vacaciones. Con frecuencia está ligada a nuestras emociones, a lo que nos marca. En otras palabras, para que un acontecimiento se integre en nuestra memoria episódica debe estar delimitado en el tiempo y el espacio, pero también tiene que ser importante y conmovedor; de lo contrario, dependerá de nosotros cargarlo deliberadamente de emociones e interés para no olvidarlo.

Las personas con inteligencia interpersonal utilizan mucho su memoria episódica, ya que acostumbran a compartir experiencias con otras, alimentando así la película de su vida. Por supuesto, podemos crear nuevos episodios en solitario: si durante un paseo junto al mar escuchamos una canción que nos emociona, esta escena «se quedará» en nuestra memoria. Casi podríamos comparar la memoria episódica con un video recapitulativo de nuestra vida en el que cual se van encadenando todos los momentos importantes, siempre ubicados en el tiempo y el espacio.

5. Memoria procedimental (largo plazo)

También llamada «memoria motriz», es la memoria de la acción y los automatismos. Se refiere a las distintas acciones que fuimos aprendiendo a realizar mecánicamente durante nuestra vida y nos permite ejecutarlas automáticamente, sin pensarlas. Por ejemplo, para escribir no necesitamos pensar en cómo vamos a colocar nuestros dedos en el bolígrafo y moverlo por el papel. Es una competencia inconsciente, ya que ni siquiera sabemos que la sabemos (▸pág. 50): nuestro cuerpo ha repetido tanto esta acción que el procedimiento para llevarla a cabo ha quedado arraigado en nuestra memoria. Por ejemplo, ¿cuántas personas olvidan el pin de su tarjeta de crédito y, de pronto, ante el cajero o la terminal de pago simplemente se acuerdan y dejan que sus dedos tecleen los dígitos? Desde que los celulares pasaron a ser parte integrante de nuestras vidas recurrimos mucho a nuestra memoria procedimental pues conocemos más el camino de acceso a la información (tenemos el reflejo de desbloquear el celular, consultar Google…), que la información en sí.

Intención y codificación: los dos principios fundamentales de la memorización

Para retener la información el mayor tiempo posible no podemos desviarnos de los dos principios fundamentales de la memorización, que son la intención y la codificación: para almacenar la información primero tenemos que querer retenerla y, a continuación, decidir cómo vamos a procesarla; es decir, eliminar su carácter abstracto para hacerla concreta.

Intención

La memorización se basa sobre todo en la intención. No importa lo que quieras aprender, ni durante cuánto tiempo, hay que tener la voluntad de retener información y participar activamente en este proceso. Si no deseas retenerla, la olvidarás. De forma natural, nuestro cerebro selecciona y clasifica las distintas informaciones que le llegan. Si no le decimos que una información en concreto nos importa, la borrará.

Si deseas recordar el nombre de pila de una persona o, por ejemplo, la fecha de su próxima entrevista de trabajo para enviarle unas palabras de ánimo el día X, debes advertir a tu cerebro de tu interés por esa fecha en concreto. Por tanto, no dudes en repetirte los datos que te interese retener: cuando conoces el nombre de pila de una persona, debes repetirlo regularmente durante vuestro encuentro para que tu cerebro entienda que se trata de un dato importante para ti. Al hacerlo así, estás dejando claro que te interesa retenerlo.

Codificación

La codificación es un proceso esencial de la memorización. Consiste en mover información en estado bruto a otro estado «vivo», algo que gusta especialmente a la memoria a largo plazo. En otras palabras, si quiero recordar un nombre de pila tendré que poner mi granito de arena y elegir cómo voy a procesar esta información: puedo, como veremos, asociar este nombre a un recuerdo o una imagen, recurrir a técnicas mnemotécnicas, contarme una historia... En definitiva, todo lo que enriquezca la información hasta hacerla «concreta»: eso es la codificación. Porque no puedo retener información abstracta, «incorpórea», que no evoque nada para mí o no me implique de alguna manera.

La codificación puede requerir algo de tiempo, pero aquí —como en otros procesos relacionados con el aprendizaje— debemos aceptar invertir en pérdidas; sin duda vale la pena dedicar tiempo a codificar la información para dirigirla hacia nuestras tres memorias a largo plazo y poder encontrarla fácilmente más tarde.

Hacia el largo plazo: asociación e imaginación, las dos llaves de la memoria

¿Cómo se codifica la información? Para retener datos puntuales y aislados —como la definición de una palabra, el código de acceso de un edificio, el nombre de una localidad que queremos visitar, una ruta que haya que tomar...— necesitamos conocer las dos llaves que «abren» nuestra memoria a largo plazo: la asociación y la imaginación.

Codificar con asociación

La asociación consiste en vincular información nueva con información antigua, es decir, relacionar un dato que no conocemos con un dato que ya conocemos. En lugar de repetir una página en blanco, tomamos la información existente de nuestra biblioteca cerebral y agregamos nueva información. ¿La chica que acabo de conocer se llama Olivia? Puedo asociar su nombre con una oliva o aceituna, con un olivo o con otra Olivia que ya conozca o me suene de algo (p. ej., el personaje de una película o serie de televisión, de un cómic o de un libro...). Relacionar información entre sí ayuda a asimilarla y retenerla. Es como si la información de la que ya disponemos se «enganchara» a la nueva y la arrastrara consigo hacia la memoria a largo plazo. Este es el principio básico del sistema mnemotécnico, sobre al que luego volveremos más a detalle.

En acción. Puedes agrupar todos los datos que guarden alguna relación entre sí. De hecho, es algo que tendemos a hacer de forma natural. Recordamos fácilmente la dirección de un amigo si vive cerca de nuestro restaurante favorito, por ejemplo. No dudes en forzar las asociaciones cuando no surjan naturalmente. Por ejemplo, para no olvidarme de la fiesta de cumpleaños de mi amiga Céline, el jueves por la noche, puedo asociar su fiesta con mi cita con el dentista, que tengo ese mismo día, contándome a mí mismo que lo del dentista no va a ser tan horrible porque, al fin y al cabo, terminará... ¡con una fiesta! La asociación es un poderoso recordatorio.

Codificar con imaginación

La clave de la imaginación es la asociación: se trata de superponer la información que queremos retener sobre una imagen mental que conocemos o creamos para la ocasión.

En acción. Este es el famoso ejemplo en el que, cuando acabo de conocer a Olivia, visualizo una oliva. Para que esto funcione solo tengo que crear en mi cerebro una imagen global en la que se fundan el rostro de Olivia y una oliva. Al principio este proceso puede durar unos veinte segundos, porque requiere cierta gimnasia mental. Con el tiempo, terminamos haciéndolo de forma prácticamente instantánea.

La creación de historias o el arte de «vestir» la información para retenerla mejor

Las dos llaves de la memoria son sin duda muy útiles cuando tenemos muchos datos que recordar, pero siempre conviene dar un paso más y elegir, conscientemente, una codificación lo más eficaz posible. Y hay una forma: consiste en «envolver» la información con emociones, para darle corporeidad. Cuanto más viva y colorida sea la información que queremos retener, cuantos más detalles y sensaciones la acompañen y distingan, más probabilidades hay de que encuentre su lugar en nuestras memorias a largo plazo.

Comencemos por aclarar cómo no hay que hacerlo. A veces nos repetimos mentalmente una y otra vez una información para fijarla y que pase de nuestra memoria a corto plazo a nuestra memoria a largo plazo. No cabe duda de que la repetición es un método de memorización como cualquier otro: todos lo hemos usado en la escuela y, si funciona, es porque implica una fuerte intencionalidad. Cuando repetimos la información una y otra vez, el cerebro toma nota de nuestra insistencia y entiende que nuestra intención es recordarla. La repetición, de hecho, es un mecanismo de retención que incluso puede funcionar independientemente de nuestra voluntad: a veces retenemos cosas sin querer, como la letra de una canción que oímos regularmente en la radio y se queda en nuestra cabeza —a veces a nuestro pesar— porque nuestro cerebro ha interpretado que es esencial y la conserva.

Pero la repetición, obviamente, presenta un problema: no retiene de manera eficiente; la más mínima interrupción —unas cuantas horas o unos días— puede ser fatal. Esta es la razón por la que el estudiante que estudia mucho para un examen en el último minuto fracasa y también por qué olvida todo lo que vio en el curso en cuanto acaba el examen.

Entonces, ¿qué hay que hacer exactamente para dotar de sentido a la información? ¿Cómo podemos añadirle olores, imágenes y sensaciones utilizando el sistema VAKOG —es decir, involucrando a nuestros cinco sentidos—, para revestirla de emociones y, de este modo, podamos retenerla de forma eficaz y duradera? Simplemente, creando historias.

Cómo inventar historias

La asociación y la imaginación, las dos llaves de la memoria, son herramientas excelentes para almacenar información puntual. Sin embargo, si nuestro objetivo es aprendernos las capitales de los veintisiete países de la Unión Europea, nos interesará crear una historia que las vincule. La investigación en psicología sugiere que recordamos los hechos veinte veces mejor si forman parte de una historia y esto se debe a dos razones: les confiere sentido y moviliza nuestros cinco sentidos.

Las 4 reglas para crear una historia

1. *Incorporar elementos secundarios.* Si pretendo aprenderme las capitales de los países de la Unión Europea, en lugar de escribir una lista e intentar memorizarla completa funcionará mucho mejor tejer un relato que asocie todas las capitales entre sí. Puedo contarme a mí mismo que estoy en París para visitar la Torre Eiffel, pero que llueve mucho y entonces me voy a Madrid. Una vez en Madrid, cansado de comer crepas, salgo hacia Roma para disfrutar de una buena *pizza* aprovechando que mi amiga Anaïs lleva tres años viviendo allí. No pensemos que los elementos secundarios del relato —como la Torre Eiffel, el clima, las crepas, la *pizza* y mi amiga Anaïs— son datos superfluos que contaminan mi memoria. Por el contrario, estos datos sustentan la información que quiero recordar porque le inyectan vida, funcionan como aglutinante. Como notarás, aquí la asociación y la imaginación van de la mano y se apoyan la una a la otra.

2. *Utilizar la primera persona del singular para personalizar la historia.* Tengo que vivirla: estoy en París, estoy en Madrid, veo a mi amiga Anaïs en Roma.

3. *Recurrir a los cinco sentidos para activar el sistema VAKOG y la memoria perceptiva.* Cuando llueve en París puedo ver la lluvia, escuchar las gotas caer, incluso empaparme con ella al pie de la Torre Eiffel. En Madrid, el sol me produce sensaciones agradables; la *pizza*, en Roma, tiene un sabor único.

4. *Tomarse el tiempo necesario para experimentar las emociones que recorren el sistema VAKOG, porque son el aglutinante esencial para la memoria.* Todo lo que siento toca mi fibra sensible, me deja huella. Es lo que sirve de sustento a:

- Mi memoria episódica, porque creo una escena delimitada en el tiempo y el espacio.
- Mi memoria procedimental, porque mi cuerpo se mueve sintiendo la lluvia, el calor, caminando por el centro de las capitales, etc.
- Mi memoria semántica, que en última instancia está en el centro de mi acción, ya que recuerdo los nombres de las capitales visitadas durante el viaje.

¡Así, mis tres memorias a largo plazo se llenaron de información!

Gracias a la historia que inventé doy sentido a lo que quiero recordar, de la misma manera que un actor necesita entender su texto antes de aprenderlo. Además, este proceso crea una red de información en mi cerebro. Si olvido dónde está Madrid, basta con que piense en París, ya que en París estaba lloviendo y en Madrid encontré el sol que buscaba.

Inventar historias funciona en cualquier disciplina. Si quiero aprender la anatomía del cuerpo humano puedo inventarme también una historia: un viaje de órgano en órgano; diálogos entre órganos que se cuentan su vida y las funciones que desempeñan en el cuerpo; o imaginar un hospital con distintos pacientes en las habitaciones, cada uno con su propia problemática anatómica.

Aplicar y compartir, una forma de mantener tu memoria

Cuando aplicamos y compartimos información, como defiendo a través de mi lema «Aprender, aplicar, compartir», hacemos funcionar nuestras tres memorias a largo plazo, de modo que codificamos una vez más la información que habíamos retenido: de hecho, el simple hecho de transmitir información a alguien nos obliga a encontrar las palabras y conceptos correctos (memoria semántica), crea un momento de vida (memoria episódica) y hace que nos pongamos en movimiento y actuemos (memoria procedimental).

3 INGREDIENTES PARA DAR FUERZA A TUS HISTORIAS

Para que tus historias sean cada vez más ricas y dejen huella en tu memoria puedes agregar estos tres ingredientes.

1. La singularidad

Se trata del llamado «efecto Von Restorff».[1] Nuestra memoria capta y retiene todo lo que destaca sobre el resto. Si me encuentro con cien personas y dos de ellas tienen el cabello verde recordaré sus nombres sin esfuerzo. Si me presentan cien libros rojos y un libro azul, el título del libro azul se quedará grabado en mi mente. Ten en cuenta, por ejemplo, que los buenos oradores se esfuerzan por crear singularidad en su discurso: en algún momento subirán o bajarán el tono, elegirán un registro cómico o emotivo. Si no abusan mucho de este recurso conseguirán destacar ciertos puntos significativos de su discurso que sus oyentes recordarán. Por eso es útil sazonar las historias que inventamos para nosotros mismos con algunos toques de singularidad, en pequeñas dosis. En mi historia sobre las capitales europeas, por

[1] H. von Restorff, «Über die Wirkung von Bereichsbildungen im Spurenfeld», *Ipsychological Research*, *18*, 1933.

ejemplo, puedo imaginarme bebiendo té con el príncipe William y su esposa Catherine Middleton justo antes de volar al siguiente país. Esta nota original marca un hito en mi recorrido y, además, me ayuda a recordar mejor mi viaje en su conjunto: tengo una visión más clara de las etapas del viaje, incluidas las etapas que preceden y siguen a Londres.

Conviene saberlo. Subrayar los apuntes o los libros para destacar la información relevante, singularizándola, es útil tanto para el aprendizaje como para la memorización, pero tampoco conviene abusar de ello. ¡Si lo subrayamos todo no podremos distinguir la información realmente importante!

2. Los trucos mnemotécnicos

Muy parecidos a la asociación, estos trucos funcionan apoyándose en referencias. Son buenos aliados de la memoria. «A, E, I, O, U, el burro sabe más que tú», es una célebre frase mnemotécnica; como también «Mi Vieja Tía María Jamás Supo Usar Números», para recordar el orden de los planetas de nuestro sistema solar respecto del Sol (Mercurio, Venus, Tierra, Marte, Júpiter, Saturno, Urano, Neptuno). De hecho, cada uno es libre de inventar su propia frase según le dicte la inspiración. Por ejemplo, para recordar la cifra 5705, el pin de una tarjeta bancaria, cada persona echará mano de sus propios trucos mnemotécnicos. Supongamos que 57 corresponde con tu código postal y 05 con el de tu mes de nacimiento: al crear estas equivalencias mentales conseguiste que estas cifras, antes abstractas, se refieran ahora a algo concreto. Lo recordarás mucho mejor. Podemos incorporarlos a nuestras historias, incluso poner las capitales en orden alfabético. No son sistemas incompatibles, en absoluto: todas las herramientas que tenemos a nuestra disposición pueden enriquecer nuestras historias, maximizando las posibilidades de fijar la información en nuestra memoria.

3. La metáfora

Si te digo «Tu cerebro es un Ferrari, no un carruaje» estoy usando el recurso lingüístico de la metáfora, que consiste en establecer una analogía entre dos elementos. La metáfora aporta mucho significado a nuestras historias y suele inyectarles cierta dosis de poesía o imaginación. También permite visualizar el mensaje, ayudando a recordarlo. Cuando Baudelaire escribió «Mi juventud no fue sino una oscura tormenta» estaba creando una metáfora. Así, en mi historia de viajes por Europa, puedo añadir una metáfora y decir que mi ánimo en París estaba tan gris como el cielo, de ahí el deseo de alejarme. Esto crea imágenes y emociones adicionales.

La espacialización y el palacio de la memoria

Hay otra técnica que utilizamos raras veces: la espacialización. Consiste en colocar la información en el lugar correcto de nuestro espacio mental. Desempeña, por tanto, un papel esencial en la memorización porque el cerebro, de forma natural, asocia la información con lugares concretos, y esto sucede por una sencilla razón: nuestro hipocampo es una especie de GPS interno que nos permite orientarnos y ubicarnos en el espacio. El hipocampo registra constantemente nuestros desplazamientos. Por tanto, el hecho de «depositar» información en un lugar específico, real o imaginario, potencia la memorización, porque nuestro cerebro sabe exactamente dónde quedó almacenada y qué camino le permitirá acceder a ella de nuevo. En esta realidad científica se basa el método del «palacio de la memoria». En general complementa la codificación que se realizó: una vez que la información quedó concretada, ¡es hora de almacenarla! Además, podemos guardar desde datos aislados, como un nombre de pila asociado a una imagen, a historias más largas y detalladas.

¿Cuál es su origen?

Este método tiene su origen en la antigua Grecia. Se dice que el poeta Simónides de Ceos asistió a un gran banquete que abandonó justo a tiempo porque, pocos minutos después de su partida, el palacio donde se celebraba el festín se derrumbó. Cuando le pidieron que ayudara a identificar a los fallecidos, Simónides solicitó recorrer el lugar donde se había levantado el palacio para así recordar escenas del banquete y a las personas que habían acudido. De ahí surgió esta técnica rememorativa.

¿Cómo funciona?

El método del palacio de la memoria, también conocido como el «método de los lugares», consiste en visualizar una habitación, real o ficticia, y seleccionar en ella diez lugares distintos. Por ejemplo, puedes pensar en el salón de tu casa y dividirlo en diez segmentos en el sentido de las agujas del reloj, en los que elegirás un lugar concreto: sillón, ventana, cuadro, planta... Estos diez lugares son «cajas» en las que puedes almacenar la información. La asociación y la imaginación intervienen desde el primer momento, pero también la intención, porque indicas a tu cerebro que quieres clasificar la información en lugares específicos. Desde el momento en que sabemos dónde «ponemos» cada información, podemos encontrarla muy fácilmente y, gracias al vínculo mental que las conecta entre sí, podemos pasar de una a otra muy fácilmente.

Todos los campeones de memoria, sin excepción, recurren al método del palacio de la memoria. Por ejemplo, cuando tienen que recordar una serie de números, empiezan asociando cada uno de ellos con una palabra —porque es más fácil recordar palabras, ya que entran en juego la asociación y la imaginación— y luego almacenan las palabras en el palacio o, más bien, los palacios. Sí, a veces se necesitan muchos palacios y podemos multiplicarlos. Si tenemos que recordar treinta capitales, necesitaremos tres palacios: después de la sala, se pueden usar el dormitorio y la cocina. Sin embargo, si tenemos que recordar diez capitales y diez nombres de pila, podemos usar el mismo palacio dos veces, es decir, dos veces nuestra sala, porque el contexto es diferente. No habrá confusión.

Te propongo un reto. Escribe una lista de compras que contenga diez alimentos, codifícala pensando en las recetas que prepararás a partir de los ingredientes que vas a comprar, en las comidas, los olores, el sabor... y guárdala en tu palacio de la memoria. Podría ser algo así: el arroz, que visualizas en forma de *sushi*, cerca de la lámpara; los jitomate, para la salsa, cerca de la librería; la harina, para el pastel del domingo, cerca del sillón... Gradualmente tu palacio de la memoria se irá llenando y, cuando vayas a la compra, ya no te hará falta la lista: bastará simplemente con que te adentres de nuevo en él y lo recorras.

Hacia una memoria ilimitada: la repetición espaciada

Distintos estudios sugieren que olvidamos aproximadamente el 50% de lo que aprendemos en una hora, y un promedio del 70% en 24 horas. Los psicólogos lo llaman la «curva del olvido» o curva de Ebbinghaus,[2] porque la formuló el filósofo alemán Hermann Ebbinghaus en el siglo XIX.

La curva del olvido nos enseña algo fundamental: si la asociación, la imaginación y la técnica de codificación ayudan a incorporar la información, para almacenarla de forma duradera y evitar dar marcha atrás debemos dar un paso más. La estrategia de memorización denominada «repetición espaciada» o «repaso espaciado» complementa las técnicas de memorización utilizadas anteriormente. Sin este procedimiento los datos almacenados en la memoria a largo plazo están condenados a desaparecer: tienen

[2] Hermann Ebbinghaus, *La mémoire. Recherches de psychologie expérimentale*, París, L'Harmattan, 2011.

la solidez suficiente para permanecer anclados en el tiempo, pero para ello necesitan que colaboremos.

Por tanto, para no olvidar la información retenida después del aprendizaje inicial debemos volver a ella regularmente. Se trata de repasar periódicamente las historias que diseñamos o recorrer regularmente nuestros palacios de la memoria.

Tony Buzan,[3] psicólogo británico reconocido por su trabajo sobre el aprendizaje y la memoria, aboga por aplicar la repetición espaciada en los siguientes intervalos: diez minutos, veinticuatro horas, una semana, un mes. Esta vez, la repetición es algo positivo, porque nuestra información fue previamente codificada y clasificada. La estrategia de la repetición espaciada fortalece la sinapsis y, más concretamente, todo lo que la rodea. La información, entonces, se puede anclar.

Conviene saberlo. La repetición espaciada debe practicarse una vez codificada la información. Si repetimos datos no codificados equivale a empeñarnos en recordarlos repitiéndolos una y otra vez, un método que no permite retenerlos a largo plazo o lo hace muy difícil. Es como empeñarse en nadar contracorriente para acabar agotados.

Instrucciones de uso para practicar la repetición espaciada

- Repetir la información 10 minutos después de haberla codificado para asegurarse de que el cerebro no va a borrarla. Podemos dar otra vuelta por nuestro palacio de la memoria, volver a pensar la historia que habíamos inventado, visualizar una vez más la imagen asociada a la información… o bien releer las notas o el mapa mental que hicimos, si elegimos poner la información en un soporte. Es una forma de confirmar que queremos retener esa información.

---

[3] *Une tête bien faite*, ob. cit. (▸ pág. 87).

- Transcurridas 24 horas, hacer una «restitución corregida», que consiste en escribir en una página en blanco todo lo que se recuerda sobre esa información, preferiblemente en forma de mapa mental (▸capítulo 7: «Los mapas mentales. Fundamentos»). A continuación, hay que hacer un balance de las deficiencias que se hayan detectado; por ejemplo, puedes comparar ese documento con las primeras notas que tomaste, donde quedó registrada íntegramente la información que se quería retener. Esto resulta muy útil porque al cerebro le gustan los fracasos tanto como las victorias: tras identificar los fallos, se moviliza de nuevo y está preparado para retener la información que antes había olvidado. Además, la escritura apela a la memoria procedimental y centrarse en un ejercicio activa la memoria episódica.
- Haz el ejercicio de restitución corregida una semana después, luego al cabo de un mes.

Crea tus *flashcards*, o tarjetas de memoria, para ponerte a prueba

El juego de las *tarjetas de memoria* es un excelente entrenamiento para la memoria. Se basa en la revisión espaciada y la restitución corregida.

Necesitarás:

- Tantas notas adhesivas como información quieras recordar. Por ejemplo, para recordar las capitales de la Unión Europea te harán falta 27.
- Un lápiz.
- Tres cajas de zapatos.

Cómo hacerlo:

- Escribe en cada nota adhesiva los datos que deseas aprender en forma de preguntas y respuestas, por las dos caras. Siguiendo el ejemplo anterior, tendrías que escribir el país en una cara y la capital en la otra. Si estás aprendiendo vocabulario en inglés, escribe por una cara la palabra inglesa y su traducción en el reverso de la nota adhesiva. Coloca todas las notas que hayas preparado en la caja de zapatos n.º 1.

- Todos los días, saca cinco notas y memorízalas creando relatos y almacenándolas en tus palacios, luego colócalas en la caja de zapatos n.º 2, siempre todas boca abajo.
- Cada 24 horas, saca una nota de la caja n.º 2 y ponte a prueba: si dice «Polonia», ¿cuál sería la respuesta?: Varsovia. Si adivinaste colocarás la nota correspondiente en la caja n.º 3; si fallaste, debes ponerla de nuevo en la caja anterior.
- Mientras continúas sacando notas todos los días de la primera caja (codificando y memorizando así nueva información), y cada dos días de la segunda (para confirmar que la recuerdas), cada semana saca las notas de la caja n.º 3. Para orientarnos, esta última se puede dividir en siete compartimentos, uno para cada día de la semana. Entonces, si sacas una nota adhesiva un lunes y lo colocas en la caja n.º 3 porque tu prueba es concluyente, ponlo en el apartado del lunes y vuelve a ponerte a prueba al lunes siguiente.
- Si no conservaste la información, la nota debe volver a la caja n.º 1.

Tenlo en cuenta:

- Cada vez que mueves una nota de una caja a otra debes darle la vuelta, porque tienes que retener la información en ambos sentidos.
- Puedes crear una cuarta caja, para verificar tus conocimientos al cabo de un mes.

El ejercicio de las dos paredes

El ejercicio de las dos paredes es perfecto para continuar aprendiendo y practicar la repetición espaciada. Para ello, elige dos paredes de casa: una pared de aprendizaje y una pared de conocimiento.

- *Fase 1*: diariamente, lee o escucha la información que te interesa. Siempre que una información sea nueva y quieras conservarla, apúntala en una nota adhesiva y pégala en tu pared de aprendizaje. Si es posible, varía los colores de las notitas para aportar variedad a tu trabajo.
- *Fase 2*: todos los días, mira tu pared de aprendizaje y selecciona una nota adhesiva que te haya llamado la atención. La nota fue la que te eligió. Después, investiga un poco sobre el tema, codifica la información que desees retener, crea relatos sobre ella y clasifica los elementos en la pared, como si fuera un palacio. El simple hecho de implicarte en cada pieza de información no solo estimula tu memoria perceptiva, a través de la visualización y el movimiento, sino también tu memoria episódica a través de la sesión de aprendizaje que te estás ofreciendo a ti mismo. Además, como el eje de este ejercicio es la espacialización, estás favoreciendo que la información se almacene correctamente. Poco a poco el muro de aprendizaje se irá vaciando, mientras que el del conocimiento se va llenando. La información que retuviste es visual, pero también espacial.
- *Fase 3*: conforme a los intervalos propuestos por Tony Buzan, vuelve a las notas adhesivas que están pegadas en tu pared de conocimiento y pruébate a ti mismo con la restitución espaciada.

No perturbes tu memoria

Desarrollar la memoria y aprender a manejarla también significa evitar todo lo que la perturba. Aquí dejo una lista de cosas que debes tener en cuenta.

- *El mundo digital*: confiamos en la tecnología en lugar de memorizar nosotros mismos. Mucha gente ya no sabe cómo moverse sin GPS, ni siquiera intenta retener información, ya que está disponible permanentemente en línea. Esta adicción perjudica nuestra memoria. Cuando nos falte información tenemos que intentar buscar por nuestra cuenta, concentrándonos.
- *La falta de sueño*: como vimos en el capítulo 3 (▸pág. 77), el cerebro necesita descanso para funcionar correctamente. Durante la noche, los procesos de memorización se ponen en marcha: durante la primera fase del sueño, nuestros recuerdos y conocimientos se refuerzan; la fase de sueño REM consolida la memoria procedimental. Si no dormimos lo suficiente, nuestra memoria perderá terreno en ambas fases.
- *La monotonía de las tareas*: cuando realizamos la misma tarea durante varias horas seguidas nuestro cerebro pierde su eficiencia, entra en modo de suspensión para economizar energía. Por eso es bueno introducir variedad en el desarrollo de las tareas, dedicar una hora a un objetivo, luego una hora a otro… Cronometrarlas puede ser también una buena táctica: si te das a ti mismo un tiempo limitado para completar una tarea, tu cerebro está más alerta y, por tanto, más receptivo a integrar información.

QUÉDATE CON ESTO

- Tenemos 5 tipos de memoria: memoria a corto plazo, memoria perceptiva, memoria semántica, memoria episódica y memoria procedimental. Estas tres últimas son memorias a largo plazo.
- La información entra en nuestro cerebro a través de la memoria a corto plazo, luego dependerá de nosotros redirigirla hacia nuestras memorias a largo plazo mediante la codificación y las «llaves» de la memoria —asociación e

imaginación—, y recurriendo también a nuestra memoria perceptiva, que la reviste de emociones, unos poderosos factores de memorización.

- Limitarse a repetir una y otra vez lo que se quiere recordar es un método de memorización como cualquier otro, pero no es seguro.
- Crear historias o relatos para recordar unos apuntes, un documento o un texto es una técnica mucho más efectiva, porque activa nuestros cinco sentidos e involucra directamente nuestros recuerdos a largo plazo. A través de las historias que nos inventamos vivimos momentos ficticios pero intensos, que nos marcan.
- El método del palacio de la memoria consiste en ordenar la información que se quiere retener en un espacio real o ficticio. Es muy eficaz y se realiza una vez que la codificamos.
- Técnicas como la creación de historias o el palacio de la memoria consiguen fijar la información de forma duradera, pero conviene practicar la repetición espaciada para asegurarnos un almacenamiento perdurable y… ¡una memoria ilimitada!

7

LOS MAPAS MENTALES. FUNDAMENTOS

> A diferencia de las palabras, las imágenes son inmediatas: la información visual es procesada por el cerebro 60 000 veces más rápido que el texto.
>
> TONY BUZAN[1]

El *mind mapping*, la realización de mapas mentales o mapas heurísticos —como también se les llama—, es una técnica para tomar notas en forma de mapa. Compuestos de palabras e imágenes, nunca de oraciones, los mapas mentales merecen un puesto preeminente entre las técnicas de aprendizaje. Son una herramienta indispensable para el conocimiento ilimitado: hoy en día, hago mapas mentales cada vez que leo un libro que me interesó especialmente del que deseo retener lo esencial, cuando preparo una intervención oral o trabajo sobre un tema. Esta técnica revolucionaria cambió mi vida. Es lo que necesitaba para ir más allá, para aumentar mi capacidad de recordar, para atreverme a hablar en público, para ser más imaginativo… ¡para escribir el libro que tienes en tus manos! Muchos alumnos míos se reconciliaron con los estudios y con la alegría de aprender gracias a los mapas mentales. Muchos también han ganado confianza y avanzado a otro nivel gracias a este método. Si la realización de mapas mentales o *mind mapping* es un método incontestable, es porque permite gestionar la información entrante que queremos asimilar, estructurar

---

[1] *Développez votre intelligence avec le mind mapping*, *París*, Alisio, 2018. (T. Buzan, *Mapas mentales*, trad. M.ª Teresa Solana, Planeta, Barcelona, 2018. *N. de la T.*).

nuestros pensamientos e ideas para compartirlos, al tiempo que estimula nuestra creatividad. ¿Quién da más?

¿Pero, cuál es el secreto de los mapas mentales? ¿Por qué es un método tan potente? La clave está en que implica a la mayoría de nuestros tipos de inteligencia (¡siete de nueve!), nuestros diferentes canales de percepción y nuestros recuerdos a largo plazo. ¡Todo lo que hemos visto hasta ahora cobra vida en el método del *mind mapping*! De hecho, Tony Buzan, su inventor, ha conseguido desarrollar una herramienta capaz de coordinar los dos hemisferios de nuestro cerebro (▸pág. 87): el izquierdo, que aprende las cosas con una visión más detallada; y el derecho, cuya visión es más global y emocional. Ambos están involucrados en la realización de mapas mentales, lo que permite procesar, organizar y memorizar la información eficazmente.

Por este motivo necesitarás seguir este método cuando quieras desarrollar, aplicar y transmitir tus conocimientos. Además, me gustaría destacar que la realización de mapas mentales es algo lúdico, incluso divertido, lo que te permitirá quedar atrapado en el juego rápidamente, ¡hasta que ya no puedas prescindir de ellos!

Las 3 virtudes de los mapas mentales

1. La realización de mapas mentales es un método para tomar notas y apuntes acorde con el funcionamiento natural de nuestro cerebro

Realizar mapas mentales combina palabras e imágenes para adoptar, finalmente, una forma estructurada similar a la de un árbol. Esta estructura arborescente concuerda con nuestra forma de pensar, con la manera en que se enlazan nuestros pensamientos. En la escuela nos enseñaron que el pensamiento es lineal —es decir, que funciona por etapas, como en una receta de cocina— pero no es así para nada. Nuestros pensamientos rebotan unos contra otros, sin esperar su turno. No se preocupan por el orden en que aparecen, ni por establecer un vínculo coherente con pensamientos anteriores.

Cada uno de nuestros pensamientos conduce a otros nuevos: si digo «fresa», tal vez pienses en «verano», después puedes pensar en «invierno» y en un dulce recuerdo de Navidad con la familia. Nuestros pensamientos se crean por medio de asociaciones libres y personales, específicas de nuestra propia experiencia y nuestra visión personal del mundo. Algunas personas, al ver o imaginar una fresa, pensarán en el mercado y su lista de compras, mientras que otras pensarán en el color rojo y el amor. A veces todos buscamos nuestras palabras a partir de una idea que tenemos muy clara en la mente: es la prueba misma de que nuestro sistema de pensamiento funciona como un árbol, que pasamos todo el tiempo traduciéndolo en oraciones lineales para que parezca inteligible. Gracias a los mapas mentales ya no necesitamos realizar esta conversión: captamos nuestros pensamientos desde la raíz, a medida que van apareciendo, lo cual es mucho más cómodo para la mente. Puedes poner sobre el papel todo lo que se te ocurra, sin respetar un orden preciso.

2. Los mapas mentales permiten tomar notas eficaces, no tomar notas eficazmente

¿El matiz? Si nos conformamos con tomar notas eficazmente, solo será eficaz nuestra técnica de anotación: simplemente encontramos una manera de escribir rápidamente todo lo que se está diciendo, más o menos palabra por palabra. Esta forma de tomar apuntes, que nos han enseñado desde la infancia, es profusamente utilizada durante nuestra escolarización. Actuamos como mecanógrafos, sin cuestionar nunca lo que estamos registrando. Este es el principio del dictado. Pero aprender a tomar notas eficaces en forma de mapa mental ofrece anotaciones que sabremos releer y usar, ya que están más próximas a la mecánica del pensamiento. Transcribimos la información de tal manera que nos aseguramos que, en un futuro, comprenderemos perfectamente nuestras anotaciones.

3. Los mapas mentales nos invitan a convertirnos en actores de nuestro aprendizaje y nuestros proyectos

Es un método que consigue que la toma de notas sea completamente activa. Como muestra la pirámide de Dale (▸pág. 52), cuanto más activamente intervenimos en nuestro aprendizaje más memorizamos. Los mapas mentales nos permiten invertir el sentido, nuestro cuerpo se involucra y nuestro cerebro está en modo *on*, ya que captamos la información de forma activa antes de reformularla mentalmente en palabras e imágenes. Estas palabras e imágenes nos pertenecen. En lugar de anotar la definición de una fresa copiando las palabras del profesor, opto por dibujar y escribir lo que su definición me sugiere. En resumen, codifico la información actuando sobre las llaves de la memoria, que son la asociación y la imaginación (▸pág. 153). Mi cerebro asimilará y retendrá mejor esta definición de fresa. Un mismo tema dará lugar a tantos mapas mentales como individuos.

Las 7 reglas de los mapas mentales. Lo que necesitas saber para empezar

La realización de mapas mentales tiene sus propias reglas. Es esencial respetarlas para hacer mapas mentales que resulten útiles para nuestro aprendizaje.

Regla n.º 1: utilizar siempre una hoja en blanco y en posición horizontal

Nuestro campo de visión es más amplio horizontalmente, de ahí la necesidad de colocar siempre la hoja de papel en posición apaisada. Esto nos permite captarla en su totalidad. ¿Por qué una hoja de papel en blanco? Fomenta la creatividad y permite que nuestro cerebro elija la dirección que considere más adecuada. La hoja no debe tener ningún patrón previo que pueda condicionarnos.

Si utilizamos una hoja de papel con líneas o cuadrículas nos resultará más difícil realizar libremente nuestras anotaciones.

Regla n.º 2: empezar por el núcleo del mapa

El eje del mapa se situará en el centro de la hoja, en un círculo dentro del cual escribiremos el tema central de nuestras notas. Puede ser el título de un libro, una conferencia o una reunión de trabajo. Esta es la información general, la más importante, a la cual asociaremos una palabra y una imagen en el mapa.

Regla n.º 3: trazar las ramas orgánicas

Las llamadas ramas de primer nivel parten del centro del mapa. De ellas partirán a su vez las ramas de segundo nivel, de estas las de tercer nivel y así sucesivamente. El conjunto de ramificaciones que tracemos en la hoja ilustra el modo en que nuestros pensamientos van entrelazándose entre sí.

Las ramas deben realizarse con trazos orgánicos, formando líneas curvas y sinuosas —nada de líneas rectas y rígidas—, como las ramas de un árbol y las sinapsis que conectan las neuronas en nuestros cerebros: no son simples rayas. Todas las ramas están vivas y se desarrollan a su antojo.

Regla n.º 4: escribir las palabras clave en mayúsculas

En cada rama escribimos una palabra. ¡Solo una, sí! Esta es una palabra clave. Por ejemplo, para preparar la escritura de este capítulo sobre mapas mentales, puedo crear un mapa mental. En el centro escribo MAPA MENTAL y en las diferentes ramas que surgen del centro puedo escribir REGLAS; después, desde la rama de las reglas, puedo escribir en las ramas de segundo nivel HOJA, RAMAS, NÚCLEO, PALABRAS, y así sucesivamente. Para mí, como autor, es una forma de anotar lo que quiero trasmitir y para ti, como lector, una manera de recordar las reglas asociadas a la elaboración de un mapa mental.

Al principio la tarea de sintetizar la información puede parecer difícil, pero poco a poco se convierte en un juego de niños. Las palabras deben escribirse en mayúsculas: es más claro, más legible y fácil de recordar.

Regla n.º 5: insertar imágenes

Se suele decir que una imagen vale más que mil palabras, porque el cerebro retiene mejor las imágenes. Por esta razón, el proceso de memorización se apoya en la imaginación y la asociación. Insertar imágenes en tu mapa mental ayudará a crear una historia. Por ejemplo, si quiero anotar información relacionada con mis vacaciones junto al mar, puedo dibujar una isla o una sombrilla.

Por qué incluir imágenes en los mapas mentales y cómo dibujarlas

La imagen que surge del mapa mental representa la información, pero cada persona dibuja la imagen que le viene a la mente tras procesarla mediante la asociación y la imaginación. A veces sucede que, frente al mismo discurso, las palabras clave son idénticas en los mapas mentales de los que están tomando notas, pero las imágenes suelen ser diferentes. Si doscientas personas escuchan la misma conferencia, obtendremos doscientos mapas mentales diferentes.

¿Cómo dibujarlos?

Para experimentar con los mapas mentales no es necesario tener talento para el dibujo. Solo hace falta representar la información de la manera más sencilla posible, según la imagen que nos viene espontáneamente a la mente en relación con la información que queremos registrar. Todos podemos dibujar o aprender a hacerlo, aunque sea de forma rudimentaria. Suelo aconsejar a mis alumnos que cada quien se cree su propia biblioteca de pictogramas y símbolos. Si te falta inspiración, basta con

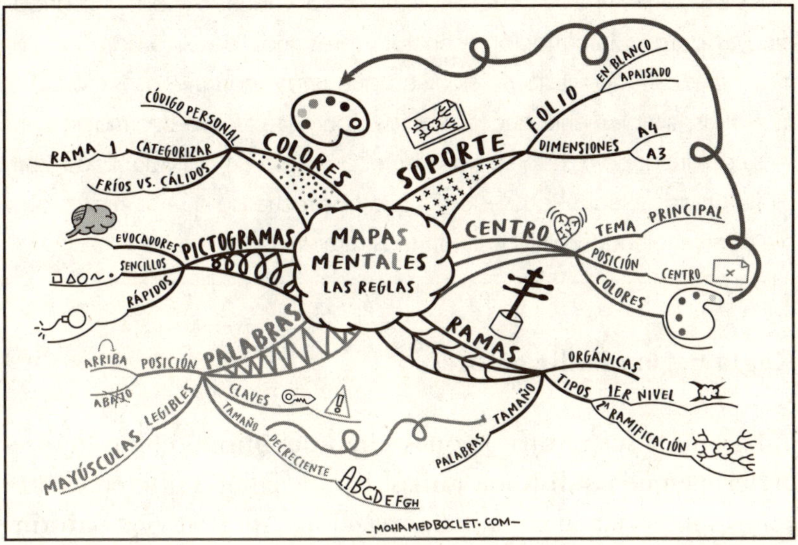

Nada mejor que un ejemplo para explicar todo lo que hemos visto sobre los mapas mentales.
En internet puedes encontrar muchos más ejemplos y adaptar el estilo que más te guste para hacer los tuyos.

abrir tu buscador y escribir «[nombre del objeto que quieres dibujar] + pictograma». Hay docenas de dibujos que son muy fáciles de reproducir. Poco a poco, podemos ir anotando nuestros pictogramas favoritos —los que nos resulten más expresivos—, en un cuaderno. Al verlos con frecuencia, el cerebro se acostumbra a pensar en imágenes, algo que ya sabe hacer pero que necesita entrenar con regularidad. Los emoticonos, por supuesto, son bienvenidos: *emoji* sonrisa, *emoji* tristeza... Gracias a los celulares, ahora todos son muy conocidos prácticamente por todo el mundo.

El mapa mental es una fusión de palabras e imágenes. No debemos elegir entre unas y otras, sino unirlas. Por supuesto, podemos añadir dibujos para la información esencial y prescindir de ellos para la información secundaria. Esto no significa que unas sean menos importantes que otras, simplemente que queremos poner de relieve información clave singularizándola. Esto se basa en el principio de individualidad, también llamado efecto Von Restorff,[2] que nos recuerda que es más probable que se retenga la información más diferenciada.

Regla n.º 6: añadir colores

Una rama y sus ramificaciones serán del mismo color. Pero es preferible que las distintas ramas sean de colores diferentes. Los colores intervienen en la memorización. Aportan vida y distinguen elementos entre sí. Aquí, de nuevo, está actuando el efecto Von Restorff que señala el papel de la singularidad en la retentiva.

Podemos usar los colores que más nos gusten. Por supuesto, ciertos conceptos se asocian evidentemente con colores concretos: el rojo evoca pasión o amor; el verde, comida, libertad o naturaleza; el rosa, delicadeza y suavidad... Así, si una rama está relacionada con la temática de las vacaciones, podemos optar por el azul, porque asociamos las vacaciones con el mar; o por el verde, si pensamos más bien en la montaña. Lo importante es que cada uno diseñe sus mapas mentales según su propia interpretación.

---

[2] H. von Restorff, «Über die Wirkung von Bereichsbildungen im Spurenfeld», art. cit.

Regla n.º 7: usar materiales que nos gusten

Este consejo puede parecer superfluo, pero no lo es. Es imprescindible hacer mapas mentales con materiales que nos gusten: hojas blancas de calidad, lápices de colores o rotuladores agradables de manejar... Personalmente, utilizo marcadores borrables, para superar el miedo a cometer errores.

¿Para qué sirven exactamente los mapas mentales?

Los mapas mentales son una herramienta divertida que muchas personas quisieran dominar sin entender necesariamente para qué sirven. ¿En qué circunstancias podemos necesitarlos? Los principales usos que podemos darles en el día a día son tres: gestionar y retener la información entrante, clarificar la información saliente y desarrollar la creatividad.

Gestionar y retener la información entrante

Como ya vimos, cualquier información externa que deseemos asimilar puede beneficiarse de los mapas mentales. En lugar de tomar apuntes de forma lineal durante una conferencia, una entrevista de trabajo o la lectura de un libro, es mejor hacer un mapa mental. Es rápido, está en sintonía con nuestro cerebro y con el proceso de memorización.

Clarificar la información saliente

Cuando preparamos un discurso, una presentación oral, un ensayo o incluso cuando escribimos un libro, necesitamos estructurar nuestros pensamientos para presentarlos al público potencial de la mejor manera posible. En estas circunstancias, la ventaja de los mapas mentales es doble: por un lado, nos permite aclarar nuestras ideas en la intimidad, en el momento en que estamos trabajando en nuestro proyecto; por otro lado, nos permite compartirlas con claridad, de forma organizada y sin lapsos de memoria. Si eventualmente perdemos el hilo, siempre podremos recuperarlo volviendo a una rama concreta. Esta es la fuerza del mapa mental: encontramos nuestro camino gracias a nuestro propio mapa mental y navegamos a nuestro antojo, mientras que las anotaciones tomadas en forma lineal nos constriñen a seguir un orden específico y, con frecuencia, nos llevan a «recitar» la información que queremos compartir. Con el mapa mental nunca perdemos el hilo, ya que hay muchos hilos a los que aferrarse.

Una herramienta para la creatividad

Es perfectamente posible recurrir al mapa mental para intercambiar ideas en el trabajo o cuando se quiere, por ejemplo, escribir una memoria, un informe… ¡o un libro!

En este caso, los mapas mentales se construyen en tres pasos:

1. *Desatamos una lluvia de ideas*: escribimos en una hoja de papel, y sin filtros, todas las ideas que se nos ocurran sobre el tema, a granel. En esta fase no importa la calidad, sino la cantidad.

2. *Categorizamos*: revisamos nuestras notas y agrupamos la información que tenga relación entre sí. Por ejemplo, en este libro sobre el conocimiento ilimitado, relacionaré la información que quiero transmitir bajo diferentes categorías: memoria, concentración, lectura rápida… Estas categorías serán las ramas de mi mapa mental, que ya está empezando a tomar forma.

3. *Dejamos ramas vacías*: después de trazar cada una de las ramas del primer nivel, dibujamos ramas en blanco, porque el cerebro odia el vacío y estas nos obligarán a inspirarnos: nos sentiremos obligados a preguntarnos si olvidamos algo, hasta que aparezcan nuevas ideas.

Zoom sobre las ramas vacías

Todos estamos condicionados por tres elementos: nuestra educación, nuestra cultura y nuestras experiencias. Estos tres elementos nos oprimen dentro de unos límites estrechos, lo que se llama «marco de referencia». Ser creativo implica salir de nuestro marco de referencia. Mientras nos apeguemos a este, la creatividad se estancará. Debemos liberarnos de lo que ya sabemos, de nuestra visión de las cosas, de nuestras conclusiones sobre la vida, de nuestras creencias limitantes, para abrirnos a un nuevo universo de posibilidades. Muchas personas tienen buenas ideas cuando viajan al extranjero, simplemente porque la inmersión en entornos y culturas distintos es una experiencia que abre la mente.

Los mapas mentales pueden ayudarnos a salir de nuestro marco de referencia. Gracias a esta técnica, nos damos permiso para pensar de forma diferente. El concepto de *autorización* es el centro de todo: autorizarnos a aprender cosas nuevas, a pensar fuera del marco de referencia, a experimentar con métodos de trabajo que nunca antes habíamos utilizado, a definir nuestros objetivos, a soñar a lo grande, a convertirnos en la persona que queremos ser. Cuanto más nos permitimos, más creamos y más lejos llegamos.

Las ramas vacías de nuestros mapas mentales estimulan nuestra creatividad, ya que estamos deseando llenarlas. Si a pesar de todo nos bloqueamos, ¿por qué no comentarlo con amigos, con compañeros de trabajo? Al preguntarles qué les sugiere esta o aquella noción, podemos encontrar una nueva fuente de inspiración y completar nuestro mapa mental. En otras palabras, se trata de recurrir a otros marcos de referencia. Para que esto resulte productivo tenemos que evitar influir en nuestros interlocutores lo más posible, para no imponerles nuestro propio marco de referencia e invitarlos a que nos aporten el suyo.

Una herramienta para todos

La realización de mapas mentales involucra a siete de los nueve tipos de inteligencia (▸pág. 88). Sin embargo, cuanto más usamos nuestros tipos de inteligencia, más capaces somos de entender, aprender y recordar. Los siete tipos de inteligencia que hay que poner en juego para elaborar un mapa mental son:

1. Inteligencia lingüístico-verbal, porque usamos palabras clave.
2. Inteligencia lógico-matemática, porque priorizamos la información.
3. Inteligencia espacio-visual, porque «espacializamos» la información.
4. Inteligencia kinésico-corporal, porque nos movemos dibujando.
5. Inteligencia intrapersonal, porque para reformular la información necesitamos introspección.
6. Inteligencia interpersonal, porque nuestros mapas permiten, si se desea, compartir información.
7. Inteligencia existencial, porque damos sentido a nuestras palabras.

La inteligencia rítmico-musical y la ecológico-naturalista son las únicas que no intervienen en la realización de un mapa mental.

Una vez descubierta esta técnica rápidamente nos olvidaremos de tomar notas escolares, técnica en la que solo utilizábamos la inteligencia lingüístico-verbal que, como ya vimos, no siempre es la inteligencia dominante. Por tanto, los mapas mentales son accesibles a todos porque nuestras inteligencias dominantes siempre encuentran su lugar en esta práctica. Además, cuando estos tipos de inteligencia toman la iniciativa y nos permiten hacer fácilmente un mapa mental, nuestras otras inteligencias se entrenan y las alentamos a desarrollarse. Cuanto más usamos los mapas mentales en el aprendizaje, más estimulamos nuestras inteligencias dominantes y secundarias.

UNA PODEROSA HERRAMIENTA DE APOYO PARA LA MEMORIZACIÓN

Los mapas mentales son, sobre todo, una excelente herramienta para memorizar. Por esta razón, son el soporte ideal para gestionar tanto la información entrante como la saliente. Al elaborar mapas mentales damos la oportunidad de retener lo que anotamos para aprender y también de retener lo que anotamos para transmitir.

Si el mapa mental es un excelente apoyo para nuestra memoria es porque involucra a nuestra memoria perceptiva, que nos ayuda a absorber información, así como a nuestras tres memorias a largo plazo, que nos permiten retenerla (▸pág. 149).

- La memoria perceptiva es el eje de esta técnica, porque usamos una parte del sistema VAKOG y, no menos importante, también los canales visuales y kinésicos. Desarrollamos una visión del objeto a memorizar y actuamos para crear nuestro mapa mental dibujando.
- También interviene nuestra memoria semántica, ya que usamos palabras clave.
- Nuestra memoria episódica no se queda afuera, porque creamos un mapa mental en un tiempo determinado. Estamos fundando un nuevo episodio en nuestra vida, vinculado al aprendizaje.
- Nuestra memoria procedimental también participa en el proceso, pues estamos en acción.

Los mapas mentales, además, son una forma de «espacializar» la información. El método del palacio de la memoria y la espacialización son esenciales para la memorización, ya que nuestro GPS interno, el hipocampo, registra nuestros desplazamientos. Podemos decir que los mapas mentales son pequeños «palacios de la memoria»: distribuimos la información que queremos recordar en lugares concretos, que nuestro cerebro registra. Así, más adelante, es mucho más sencillo encontrarlos.

Por último, los mapas mentales favorecen el almacenamiento duradero de la información. Cuando practicamos la revisión espaciada necesitamos recuperar la información aprendida recientemente para poner a prueba nuestra memoria y lograr que nuestro cerebro quiera llenar las lagunas y los olvidos (▸pág. 162). El mapa mental es una herramienta de primer orden para esta restitución corregida.

En mis cursos, por ejemplo, cuando enseño lectura rápida y mis alumnos toman notas les invito a que lo hagan utilizando mapas mentales. Tres días después, cuando nos volvemos a encontrar para otra sesión, les pido que me cuenten lo que aprendieron de la lectura rápida. Nadie revisó sus apuntes, pero todos consiguen recuperar la información estudiada gracias al poder del mapa mental. Todos recuerdan las ramas que dibujaron, los dibujos elegidos, los colores utilizados.

Quédate con esto

- La realización de mapas mentales es una técnica para tomar notas en forma de mapa que contiene palabras clave e imágenes, nunca oraciones.
- La técnica de los mapas mentales permite tomar notas efectivas porque respeta el funcionamiento natural de nuestro cerebro, que no piensa de manera lineal sino ramificada.
- ¡Los mapas mentales no se pueden improvisar! Hay reglas precisas: utilizar una hoja en blanco y apaisada, comenzar por el centro del mapa, insertar imágenes, emplear colores… El resultado es muy estético y, por tanto, gratificante.
- Gracias a los mapas mentales memorizamos mejor la información que queremos recordar, pero también podemos usarla como soporte para una presentación oral o un discurso.
- Los mapas mentales son una excelente herramienta para la creatividad porque nos impulsan a buscar nuevas ideas.

- En la realización de los mapas mentales intervienen casi todos nuestros tipos de inteligencia, así como nuestros canales de percepción y nuestra memoria a largo plazo, por la sencilla razón de que participan tanto la mente como el cuerpo: hay movimiento, visualidad, palabras…
- Cuando creas un mapa mental te estás regalando un momento precioso para tu aprendizaje, durante el cual anclas en tu memoria, de forma duradera, la información que es importante para ti.
- Es importante releer regularmente tus mapas mentales practicando la repetición espaciada, para asegurar que conservas la información a muy largo plazo.

8

PRACTICAR LA LECTURA RÁPIDA

> La lectura es para el cerebro lo que el alimento es para el cuerpo.
>
> (¡Esto es de mi cosecha!)

Algunos libros solo pretenden que nos relajemos, proporcionándonos un momento de respiro o evasión; están pensados para el mero disfrute, no hay por qué leerlos rápidamente. La lectura rápida, en cambio, es muy recomendada cuando queremos asimilar todos esos otros libros de los que queremos extraer información. Es una herramienta fantástica para la adquisición de conocimientos. También es valiosa cuando queremos leer informes, cartas, contratos, correos electrónicos largos... Lo queramos o no, cada día invertimos hasta cuatro horas en leer, sobre todo en entornos profesionales. ¡Imagina el tiempo que podrías ahorrar si aprendieras a leer con rapidez! Todo ese tiempo que ganas lo podrías utilizar para leer libros que realmente te interesen, o para desarrollar mapas mentales avanzados que te permitan retener mejor la nueva información que vas adquiriendo.

¿Qué es leer rápido?

Debes saber que la mayoría de las personas leen menos de 200 palabras por minuto. Se llaman «lectores lentos». El término puede parecer peyorativo, pero es simplemente una clasificación dentro del contexto de la lectura rápida, ya que se considera que un lector promedio lee de 200 a 500 palabras por minuto, mientras que un lector rápido puede leer más de 500. Por mi parte, alcancé las 2 400 palabras por minuto en el campeonato del mundo, así que voy a revelar las técnicas que me permitieron lograrlo.

■ ***¡Ponte a prueba!***

Y tú, ¿cuántas palabras por minuto eres capaz de leer? Puedes averiguarlo leyendo el siguiente texto. No intentes ir rápido, solo comienza a tu ritmo y contabiliza el tiempo al final. Luego te enseñaré cómo calcular tu velocidad de lectura.

Capítulo 3

El amor de los mayores[1]

La primera vez que le vi yo tenía cinco años. Vincent subía los escalones de su nueva casa seguido por tres niños pequeños, sus hermanos menores, dos de ellos casi idénticos, como dos gotas de agua. Fue en julio de 1989.

Durante el verano nuestros padres simpatizaron con los padres de los Schneider. Era tiempo de aperitivos, puestas de sol tardías y murciélagos volando al anochecer. Recuerdo que usaba mis shorts, desde mi enorme silla de jardín de plástico escuchaba a los adultos despotricar sobre el vecindario, hablando de la gente mientras descorchaban botellas de vino rosado. A veces, el humo del asador me hacía toser y Vincent me miraba fijamente mientras mordía con glotonería su *hot dog*. Tenía la cara de un aventurero recién llegado de Oriente y cátsup en la comisura de los labios.

Cuando los mayores nos daban permiso para levantarnos de la mesa jugamos a las atrapadas en aquel inmenso jardín. No había ninguna valla que separara las dos casas. Mi padre tenía pensado instalar una, pero cuando llegaron los Schneider pospuso la tarea.

---

[1] El texto propuesto es un fragmento de la obra de Caroline Michel *L'Amour des grands*, edición original francesa de Robert Laffont, 2022. No hay traducción publicada en español. (*N. de la T.*).

«Así es mejor para los niños», decía, y mi madre siempre estaba de acuerdo.

Vincent y sus hermanos gemelos corrían rápido, así que la mayoría de las veces me atrapaban. Eso me encantaba, especialmente cuando era Vincent quien lo hacía. A los gemelos los confundía entre sí, así que cada vez que venía uno hacia mí tenía que preguntarle si era Jean o Jérôme. Mi hermana y Nicolas, el pequeño de los Schneider, apenas sabían caminar. Se quedaban los dos sentaditos en el pasto, arrancando hebras de hierba y a merced de los mosquitos, contándose cosas que solo ellos entendían. Nos divertía mucho hacer listas con lo que esos dos pequeñitos tenían en común. Tenían el mismo color de cabello y casi la misma fecha de nacimiento, con la diferencia de un año; los dos habían nacido el día de Año Nuevo y a nuestros padres les gustaba debatir las ventajas e inconvenientes de tal fecha, si interesaba o no que los pasaran al siguiente curso, y ahí siempre mi madre añadía que quería tener un tercer hijo, aunque no tuviera nada que ver con el tema.

En septiembre, con la vuelta a la escuela, nuestros padres decidieron organizarse entre ellos. No quedaba de otra. Por la mañana, mi madre solía dejarnos en la escuela y, por la tarde, Michel o Anouk Schneider nos recogían. Éramos demasiados para el Renault 19, así que uno de nosotros se metía en la cajuela, la mayoría de las veces Vincent o yo porque éramos los mayores. Gracias a ello, con el tiempo, fui perfectamente capaz de encontrar el camino a la escuela simplemente mirando el cielo. Nuestros padres se repetían que no había problema, que las probabilidades de cruzarnos con la policía eran mínimas. En cualquier caso, incluso cuando no íbamos todos en el coche, nos dejaban libres y a nuestras anchas. Eran tiempos de coches sin cinturón de seguridad y de tabaco que no mata. Mi madre fumaba Chesterfield por la noche en la cocina. Me encantaba el olor, mi infancia y nuestros nuevos amigos.

Vivíamos en una plaza pequeña, que habíamos bautizado como *la placita*, perdida en medio de una urbanización infinita a las afueras de París, en el pueblo de Gré, cerca de Fontainebleau. Seis casas rodeaban la plazuela. En el centro había un enorme abeto plagado de bolas verdes. Durante mucho tiempo sospechamos que esas bolas habían provocado el ataque de apendicitis de mi hermana. Mi madre estaba convencida de que se había tragado una. En el centro de la plaza también quedaban algunos arbustos raquíticos, unos postes de concreto y cajones eléctricos que a los niños les gustaba abrir para espiar. De mayores, todos ingenieros.

Pasábamos horas jugando allí, cuando no en el jardín. Era un punto de encuentro tácito, el lugar donde nos reuníamos. Allí nos confiábamos secretos, bailábamos, dibujábamos planos de casas con gis —las niñas vivían en un lado y los niños en el otro—, intercambiábamos canicas, nos rebelamos unos contra otros y contra los mayores: cuando nos ordenaban regresar porque era tarde fingíamos no escucharlos, obligándolos así a salir. Sabíamos que, una vez afuera, charlarían un rato y mientras, nosotros, ganábamos algunos minutos de respiro.

Cuando nos castigaban sin salir, Avril y yo nos desquitábamos con nuestras muñecas. Sus nombres eran Vincent, Jean, Jérôme, Nicolas, Emmanuelle y Avril. En nuestras habitaciones contiguas inventábamos aventuras de niños, de cabañas, jugábamos a las cocinitas, a persecuciones, a veces a historias de amor. En aquel momento éramos demasiado pequeñas para pensar que cuatro chicos para dos chicas era algo que podría darnos muchas posibilidades.

¿Cuál es tu grado de comprensión?

Para averiguarlo, responde a las siguientes preguntas:

1. **¿Cuántos hermanos se parecen?**
   Ninguno.
   Dos.
   Tres.
   Cuatro.

2. **¿Qué come Vincent?**
   Una manzana.
   Un *hot dog.*
   Una tapa de aperitivo.
   Nada.

3. **¿Cuántos niños (varones) hay en la historia?**
   Dos.
   Cuatro.
   Seis.
   Cinco.

4. **¿Cómo se llama el pueblo donde se desarrolla la historia?**
   Fontainebleau.
   Placita.
   Gré.
   El nombre exacto no se menciona.

5. **¿Cuándo comienza la historia?**
   En abril de 1989.
   En julio de 1989.
   En junio de 1989.
   En mayo de 1989.

Respuestas: 1. Dos. | 2. Un *hot dog*. | 3. Cuatro. | 4. Gré. | 5. En julio de 1989.

¿Cómo calcular tu velocidad de lectura?

Cronométrate y después haz lo siguiente: divide el número de palabras del texto que acabas de leer (en este caso son 780) por el número de minutos que pasaste leyendo. Obtendrás un recuento de palabras por minuto.

Por ejemplo:

Si leo el texto en 5 minutos: 780 ÷ 5 = 156 palabras/minuto.

Si leo el texto en 4 minutos y 12 segundos: 780 ÷ 4.2 = 186 palabras/minuto.

Para convertir los segundos en fracciones de minuto, divídelos por 60 (15 segundos son 0.25 minutos, 40 segundos son 0.66 minutos, etc.).

Desde que llevo impartiendo cursos sobre lectura rápida he acompañado a más de 110 000 personas en la práctica de esta disciplina, contando tanto la formación presencial como la que hago en línea y en conferencias. Al principio el 90% leía menos de 200 palabras por minuto. Si los lectores lentos son tan numerosos es porque el aprendizaje de la lectura en la escuela es esencialmente silábico: aprendemos a leer letras que forman sílabas, luego sílabas que forman palabras y palabras que forman oraciones. Se calcula que en 6.º de primaria un niño lee un promedio de 120 palabras por minuto. La gran mayoría de los adultos se queda varada en esa etapa, aunque se supone que un adulto debería leer más de 200 palabras por minuto. Esto se explica fácilmente: en primaria y secundaria el énfasis no se pone en aprender a leer (es una competencia que ya se considera adquirida), sino en el análisis y la comprensión de los textos estudiados. Sin embargo, en ese momento sería conveniente enseñar lo que se conoce como «método global», que consiste en reconocer palabras sin segmentarlas para poder «captarlas» en su integridad, con el fin de aumentar la velocidad de lectura. Este método complementa al silábico que, si bien es esencial para aprender a leer y saber de ortografía, no es el ideal cuando se trata de leer más rápido. Es cierto que no es imposible aumentar la velocidad de lectura utilizando solo el método silábico, pero en general solo funciona con personas a las que les encanta leer y están dotadas de inteligencia lingüístico-verbal. El resto no podrá incrementar su velocidad lectora si se apega al método que aprendió en la escuela.

«¿Por qué es importante leer más rápido?», me preguntan a menudo. La lectura es un medio extraordinario de conocimiento. Los libros nos abren las puertas al mundo. Cuando dominamos la lectura rápida podemos leer varios libros a la semana. ¡Es toda una oportunidad! Nuestra sed de conocimiento puede quedar satisfecha rápidamente gracias a técnicas accesibles para todos.

¿Lectura rápida o lectura en diagonal?

La lectura rápida no debe confundirse con la lectura en diagonal. En la lectura rápida a veces nos saltamos líneas conscientemente para leer más rápido, pero aplicando técnicas específicas que permiten que nuestro cerebro codifique todas las palabras del texto. En definitiva, no estamos leyendo por encima.

La lectura diagonal, por su parte, consiste más en hojear un libro, leer los pasajes que nos llaman la atención e ignorar ciertos párrafos o incluso ciertas páginas. En la jerga de lectura rápida, esto se llama lectura *kayak*. Aceleramos cuando el tema nos parece poco interesante y reducimos la velocidad cuando queremos picotear información aquí y allá. Eso no es lo que te voy a enseñar a continuación.

Reconcíliate con la lectura

Antes de practicar la lectura rápida me parece que es fundamental reconciliarse con la lectura en general. Si tienes este libro en tus manos es posible que para ti la lectura sea, sin más, una tarea que debes abordar. Cuando éramos niños, leíamos cómics y los disfrutábamos. Pero, al terminar primaria, los planes de estudio de la nueva etapa que íbamos a empezar exigían que leyéramos a los clásicos. En mi opinión, estas lecturas no solo no son adecuadas para estudiantes de quince años, sino que, además, al figurar en el plan de estudios e incluirse de un modo u otro en las tareas, están sometidas a evaluación y, por tanto, quedan asociadas a obligación y estrés. Por eso, en la edad adulta, la lectura usualmente se convierte en una especie de castigo escolar y mucha gente hace todo lo posible por evitarla.

Redescubrí la lectura cuando cumplí treinta años, a través de la lectura rápida. Esta disciplina me reconcilió con la lectura. Entendí lo importante que era para nuestro equilibrio, tanto si lo hacemos por placer como por aprendizaje, pues al contribuir a aumentar nuestro conocimiento aporta otros muchos beneficios. Leer un poco cada día:

- Estimula la curiosidad y el deseo de descubrir el mundo, de descubrir a los demás.
- Es un estímulo para el cerebro, que necesita que le retemos regularmente para crear nuevas neuronas y mantenerse alerta.

- Ayuda a combatir el estrés, al abrirnos las puertas a mundos imaginarios.
- Mejora la memoria, porque estamos constantemente reteniendo información, aunque solo sea para seguir leyendo.
- Potencia la concentración, porque la lectura nos anima a enfocar toda nuestra atención en el libro, entrenándonos para mantenernos focalizados en una única tarea a la vez.
- Aumenta el vocabulario y las habilidades analíticas porque, cuanto más leemos, más cómodos estamos con las palabras y más aprende nuestro cerebro a descifrarlas.

Créeme, leer puede convertirse en una verdadera pasión. Para que esta pasión nazca y se pueda acceder a la plenitud que proporciona la lectura hay que aprender a leer de nuevo: olvida tus desafortunadas experiencias escolares y prométete a ti mismo que vas a empezar de cero. Al aprender a leer cada vez más rápido redescubrirás la lectura.

La lectura rápida es una oportunidad: gracias a las técnicas que propone aprendemos a leer de nuevo y, sobre todo, leemos más rápido, leemos mejor, entendemos y retenemos mucho más los contenidos. En definitiva, la lectura rápida ofrece la oportunidad de crear una nueva relación con la lectura, sana y amena.

Tiempo, comprensión y concentración: los 3 pilares de la lectura rápida

Hay una serie de técnicas para leer con rapidez. Pero, antes de abrir un libro, el lector rápido debe prepararse. Esta preparación implica la creación de un espacio-tiempo, una prelectura útil para la futura comprensión de lo leído y una buena concentración.

El tiempo, la comprensión y la concentración son los tres pilares de la lectura rápida. Si los defino como tales es, principalmente, porque permiten luchar contra los tres obstáculos fundamentales que se encuentran los lectores, ya sean experimentados o aficionados:

- «No tengo tiempo para leer»: por eso el primer pilar de la lectura rápida es la creación de un espacio-tiempo dedicado a esta disciplina.
- «No entiendo lo que leo»: por eso es absolutamente necesario estar predispuesto a comprender, gracias a un ejercicio de prelectura.
- «Estoy distraído»: por eso necesitamos aprender a concentrarnos y mantener la concentración.

Dado que nuestro objetivo es leer rápido, a partir de ahora vamos a dejar de pisar el freno para ganar la máxima velocidad.

1. Tiempo

La lectura rápida nos permite ganar tiempo. Sin embargo, para poder progresar y practicar las reglas de este método también hay que dedicarle tiempo. Los lectores rápidos confían en el método Pomodoro, ya que respeta la capacidad del cerebro para concentrarse y memorizar (▸pág. 129). También permite fijarse un objetivo simple y concreto: leer por tramos de 25 minutos. Es muy motivador.

■ ***¡Ponlo en práctica! Al menos un* pomodoro *al día***

¿De dónde sacar tiempo para leer? Solo hay que mirar el tiempo que pasamos en las redes sociales para entender que los 86 400 segundos de los que disponemos al día podrían asignarse fácilmente a otra actividad, como la lectura.

Con un solo *pomodoro* —25 minutos— de lectura al día habrás leído un total de tres horas y media a la semana. Cuando eres un lector lento, 3 horas y 30 minutos semanales representan, en promedio, un libro por semana, es decir, cuatro libros por mes y cincuenta y dos por año. Según el Centro Nacional del Libro (CNL),[2] un «lector empedernido» es el que lee 20 o más libros al

---

[2] Armelle Vincent Gérard y Julie Poncet, «Synthèse: les français et la lecture. 2019. Préparé pour le Centre national du livre», París, Ipsos, 2019.

año y un «lector promedio» el que lee entre 5 y 19 libros al año. Ahora puedes entenderlo: incluso leyendo a baja velocidad se puede leer mucho y convertirse en un gran lector, siempre que se encuentren 25 minutos al día. Date tiempo para aprender y, por tanto, para leer rápidamente.

2. Comprensión

Todo lector ha pasado por la experiencia de leer sin comprender lo que ha leído: el libro parece demasiado complicado, el cerebro no está concentrado... Por tanto, para practicar la lectura rápida es importante luchar contra los problemas de comprensión. Esto es aún más importante en cuanto que la lectura rápida, al invitarnos a leer deprisa, puede llevarnos a perder el hilo del asunto. Sin embargo, no se trata solo de leer en menos tiempo: queremos entender lo que estamos leyendo.

A primera vista, la falta de comprensión proviene de la falta de concentración. Pero esto solo es cierto en parte, de ahí el tercer pilar. Porque los problemas de comprensión surgen, sobre todo, de una mala definición de objetivos: si no sabemos por qué estamos leyendo un libro es difícil que conectemos con su contenido. Antes de leer siempre hay que preguntarse: ¿por qué? ¿Por qué quiero leer *Conocimiento ilimitado*, por ejemplo? ¿Porque me lo aconsejaron? ¿Porque tengo que hacerlo? ¿Porque quiero aprender más? Esta pregunta «¿Por qué?» es muy importante. Si no sabemos responderla no encontraremos ninguna razón para leer el libro que tenemos entre manos, lo que influirá en nuestra capacidad para entender lo que leemos. Nuestro cerebro no está orientado hacia la comprensión.

■ ***¡Ponlo en práctica! Ejercicio de prelectura***

La técnica de prelectura complementa la pregunta «¿Por qué?». Facilita una comprensión óptima del libro o del documento que estamos leyendo.

Consiste en hacerse diez preguntas sobre el libro o el documento que se va leer. ¿Cómo plantear diez preguntas cuando, precisamente, aún no lo hemos leído? Tómate tu tiempo para mirar la portada, el título y el subtítulo, para leer la reseña, la sinopsis, la introducción y la conclusión. Si la obra no tiene introducción o conclusión puedes leer el principio y el final de un capítulo, o también hojear el libro pasando páginas para identificar palabras clave que te permitan hacerte una idea del tema con el fin de ayudarte a identificar posibles preguntas. No hay una respuesta correcta: estas diez preguntas te pertenecen; eres tú quien las determinas.

Esta tarea de prelectura no debería requerir más de un *pomodoro.* Por ejemplo, si la hubieras hecho antes de leer este libro, te habrías preguntado:

- ¿Por qué Mohamed Boclet tituló su libro *Conocimiento ilimitado*?
- ¿Cuál es la definición de «conocimiento ilimitado»?
- ¿Qué es una creencia limitante?
- ¿Cuáles son mis tipos de inteligencia dominante y cómo podría usarlos en la vida cotidiana?
- ¿Existen técnicas de concentración fáciles de aplicar para estar más centrados en el trabajo o en el progreso?
- Etcétera.

Este ejercicio de prelectura permite que emerjan de forma natural las diez preguntas. Puedes representarlas en forma de mapa mental, donde cada rama será una de las preguntas. Acabarás de dibujar el mapa cuando hayas terminado de leer el libro y obtenido las respuestas a tus preguntas.

Una vez que hayas formulado esas diez preguntas solo tendrás un objetivo: responderlas durante la lectura. Verás que tu comprensión será mucho más activa, por tres razones principales:

1. A nuestro cerebro no le gustan los espacios vacíos, ya lo vimos. Al hacerte diez preguntas, despiertas su deseo de obtener respuestas y completar las ramas vacías de tu mapa mental.

2. Intervienes activamente en tu lectura, así que no vas a soltar el libro. Como demostraba la pirámide de Dale (▶pág. 52), ser activo en el aprendizaje hace que le dediquemos más tiempo y retengamos mejor lo aprendido.

3. ¡Estarás deseando leer ese libro! Cuando propongo a mis estudiantes que hagan este ejercicio, la mayoría no quiere esperar para ponerse a leer cuanto antes el libro que han hojeado y manejado.

Puede suceder que, al terminar el ejercicio de prelectura el libro, no te resulte deseable, que no te diga nada. No importa, al contrario. Este es precisamente el objetivo del ejercicio: que nos lleve a tomar las decisiones correctas a la hora de elegir nuestras lecturas. Si te sucede esto, puedes elegir otro libro. No debemos obligarnos. En mi opinión, sacralizamos la lectura en exceso. Con demasiada frecuencia la gente no se atreve a leer otro libro que el que previamente tenían pensado leer, privándose así de una nueva lectura. Piensan que no están hechos para ello. Sin embargo, es normal que no nos agrade leer todas las obras que tenemos a nuestra disposición. Si rara vez nos obligamos a terminar una serie que no nos ha atrapado… no nos obliguemos a leer o terminar un libro que no cumpla con nuestras expectativas en un momento dado.

Por mi parte, la principal pregunta que me hago cuando leo libros sobre el funcionamiento del cerebro, sobre el conocimiento, sobre la memoria y otros temas que me interesan es «¿Qué podré transmitir a mis alumnos?». Esta pregunta hace que mi cerebro entre en modo de comprensión y concentración.

Y si es una novela, ¿cómo se hace el ejercicio de prelectura?

El procedimiento difiere para las novelas. Lógicamente leemos la contraportada, pero no leeremos el final del libro, ni siquiera el final de algunos capítulos, para evitar *spoilers*. Con los libros de ficción es más difícil identificar las diez preguntas que deben formularse. Pero hay tres métodos efectivos que proporcionarán una buena comprensión lectora:

1. Busca reseñas del libro para identificar el tema y las preguntas que deseas formular.

2. Recurre al truco de los periodistas: las cinco *W* (en inglés, *Who, What, Where, When, Why*?), que en español equivaldría a QQDCP: «¿Quién? ¿Qué? ¿Dónde? ¿Cuándo? ¿Por qué?». Las líneas introductorias de cualquier artículo periodístico deben responder a estas preguntas para situar al lector. Cuando leas una novela haz lo mismo y pregúntate: ¿quién es el protagonista?; ¿dónde tiene lugar la acción?, etc.

3. Para sumergirte en tu novela y entenderla también puedes intentar ponerte en la piel del protagonista o del autor. Esta inmersión te permite vivir una experiencia real que te abre las puertas a una comprensión global de la obra.

3. Concentración

Para mantenerte concentrado durante la lectura hay que darse tiempo para trabajar la concentración. Esto implica dos pasos, como vimos en el capítulo 5:

- Entrar en «estado de recursos» a través de un ejercicio de focalización, como el de la manzana roja (▸pág. 135). Este estado también es ideal para abordar la fase de prelectura.
- Entrar en fase de concentración, o incluso en «estado de flujo», a través de la coherencia cardiaca (▸pág. 81) antes de comenzar la lectura.

Después, para mantenerte centrado, utiliza las herramientas de concentración:

- El método Pomodoro.
- Los ruidos blancos.
- Ser consciente de los momentos en los que pierdes el hilo de la lectura.

El péndulo, un método de concentración especial para la lectura rápida

¿Alguna vez has observado que, cuando hablamos por teléfono, tendemos a caminar o garabatear en un pedazo de papel? Esto se debe a que la parte motriz de nuestro cerebro necesita estar ocupada. Necesita acción. Sin embargo, cuando leemos, solemos permanecer estáticos y nuestro cerebro puede sentirse atraído por los movimientos que nos rodean. Para que esto no nos haga perder la concentración, hay que tomar la iniciativa y mantener ocupada nuestra parte motriz. Algunos lectores dan golpecitos con los pies. Por mi parte, utilizo el método del péndulo. Sincronizo el balanceo de la parte superior de mi cuerpo, de izquierda a derecha, según mi velocidad de lectura: me inclino hacia la izquierda cuando estoy a la izquierda de la página, a la derecha cuando estoy en el lado derecho de la página.

Las 7 técnicas para leer rápido

Compartiré aquí los conceptos básicos de la lectura rápida a través de siete técnicas. Estas técnicas se descubren y experimentan por etapas: cuando te sientas cómodo con una, puedes pasar a la siguiente. Antes de aplicarlas, conviene que trabajes los tres pilares de la lectura rápida: date tiempo, haz el ejercicio de prelectura y prepara tu concentración.

1. Postura correcta

En contra de lo que algunos creen la mejor postura para leer no es acostados en un sillón, donde tenemos muchas oportunidades de quedarnos dormidos. Tampoco es buena idea leer de noche, en contra de nuestro ritmo circadiano, pues al anochecer nuestro cerebro produce melatonina, la hormona del sueño (▸pág. 117). Por la mañana, en cambio, está completamente despierto.

Estas son las reglas posturales de lectura rápida:

- Lee sentado ante una mesa.
- Eleva el libro en un soporte e inclínalo unos 45 grados, para que no quede plano. Además de facilitar la lectura, evitarás que se te lastime el cuello.
- Coloca el libro a unos 30 centímetros de tus ojos.
- Opta por la luz natural. Si no es posible, utiliza dos fuentes de luz, una detrás de ti y otra sobre el libro.

2. Apoyo y guía visual: el puntero de lectura

Utilizar un puntero de lectura, como una guía visual, es indispensable. Puede ser un bolígrafo, un lápiz óptico o sencillamente tu propio dedo. Con él trazaremos una línea imaginaria debajo de las palabras siguiendo la dirección de la lectura, como los niños que aprenden a leer… ¡pero también como hacen todos los campeones mundiales de lectura rápida! En realidad, el puntero no nos sirve tanto para seguir la lectura como para entrenarnos. Cuanto más rápido va el puntero, más rápido leemos. Es un punto de anclaje para nuestros ojos, que tienden a evadirse. El puntero nos ayuda a fijarnos en las palabras para que no nos perdamos. También ayuda a canalizar la parte motriz del cerebro: como ya nos estamos moviendo, no nos distraemos con otros movimientos externos.

El simple uso de un puntero de lectura puede ayudarte a leer entre un 20 y un 30% más rápido.

3. Márgenes imaginarios

Se estima que nuestros ojos tienen una visión de 180 grados, pero nuestra visión efectiva no excede un ángulo de 40 a 60 grados. Por tanto, para aumentar nuestra velocidad de lectura, además de utilizar un puntero a manera de guía visual, vamos a reducir la «superficie» de texto que vamos a leer superponiendo sobre ella unos márgenes imaginarios.

En otras palabras, se trata de trazar mentalmente una línea vertical después de la primera palabra de la primera frase y luego otra línea vertical antes de la última palabra de la primera frase. Esto reduce la anchura del texto que se va a leer. Por último, ayudándonos del puntero de lectura, leeremos solo dentro de esta área, ignorando las primeras y últimas palabra de cada línea; pero, sin embargo, nuestro cerebro captará toda la línea de texto. El cerebro no necesita leer literalmente todas las palabras: es capaz de reconstruir la información y visualizar las líneas completas gracias a la visión periférica.

> Decidida, alzo el cuello, levanto el rostro, respondo *hola* y, en un silencio extraordinariamente corto que parece que dura mil años, mis ojos miran sus ojos, los suyos miran los míos. Es el chico al que amé tan intensamente, el amor de mis cinco, diez, quince y veinte años. Es el hombre que hace una década se me escapó, el hombre de otra mujer, de otra vida, y no sé qué decirle. Sin embargo, tengo tantas cosas que contarle. Nos separamos sin intercambiar apenas algunas palabras.
>
> Es él quien comienza, y no puedo evitar pensar que es normal que sea siempre él quien diga la primera palabra, quien se lance primero y suelte alguna banalidad sobre los problemas del estacionamiento. Durante mucho tiempo yo pertenecí a su pasado, pero él todavía pertenece a mi presente. Esa es la diferencia, esa brecha es lo que le impulsa a preguntarme «¿Tuviste buen viaje?». Entonces le respondo que sí, «a pesar del Dacia que iba a 110 por el carril central». Él afirma que seguramente era su madre, a pesar de que ambos sabemos que no era ella y que, en general, mucho tiempo atrás, este chiste tan malo nos habría hecho reír, porque nos gustaba burlarnos de la manera de conducir de Anouk. Pero ahora no nos reímos, somos demasiado adultos y serios para eso, además tenemos demasiada vergüenza como para mirarnos a los ojos, él

4. Los tres puntos de fijación

Esta vez situaremos el puntero tan solo en tres palabras de cada línea, siempre dentro de nuestros márgenes imaginarios: la primera, la central y la última. Al utilizar el puntero casi como una garrocha, saltándonos palabras, avanzamos más rápido. Lo maravilloso es que nuestro cerebro sigue registrando y descifrando las palabras que no leemos. Las fotografía y las reconoce.

Confía en tu cerebro. Insisto mucho en que debemos superar nuestras creencias limitantes y la impotencia aprendida, pues mientras creamos que nuestro cerebro es lento y con bajo rendimiento nos estamos privando de todo lo que realmente nos ofrece, de todas las habilidades que poseemos. Debemos pensar que somos poderosos. Nuestro cerebro es poderoso. Es como una computadora: descodifica toda la información que recibe. Cuando le pedimos que lea tres palabras por línea, va más allá y registra la línea completa.

Intenta leer este texto con huecos:

La impotencia no existe

Cuando eleg___ entrar en el mundo del conocimiento ilim___ y uti___ todo nuestro po___cial cognitivo lo prim___ que de___mos hacer es cr___ que pode___ hacerlo. Tenemos que sup___ nuestros pensamientos nega___, esos que apa___ para susurrarnos al oí___ que es impo___ progresar, rete___, tener éx___, potenciar la inteli___, ser imbatibles en cual___ tema que nos atraiga, desde la Pri___ Guerra Mundial hasta el sis___ solar.

Debemos olv___ el c___epto de *imp*___ y borrar o rela___ todas las cree___ sobre nos___ mismos que nos blo___. Apren___mos a hacerlo.

Digamos que se trata de desapren___ nuestros límites para aum___ nuestros conoci___. Esta es la pri___ fase del apren___.[3]

[3] El texto completo se puede encontrar al principio del libro (capítulo 2, pág. 56).

¿Entendiste lo esencial? Pues si tu cerebro es capaz de descifrar un texto con huecos, gracias al sistema de fijación de puntos, también podrá comprender un texto del que solo leíste una palabra de cada tres. Tu cerebro lee las palabras que vas señalando con el puntero, pero a través de la visión periférica también capta las palabras secundarias que te saltaste, lo que resulta ser un plus para la comprensión del texto. Si ya es comprensible con huecos, cuando estos estén llenos la comprensión será aún mayor.

5. La serpiente y la S invertida

Una vez que hayas adquirido el método de los tres puntos de fijación puedes pasar a la técnica de la serpiente, que consiste en leer la página trazando movimientos de zigzag.

Se trata de recorrer la página, con el puntero de lectura, desplazándote de párrafo a párrafo como lo haría una serpiente. Así, colocamos nuestro puntero en la parte superior izquierda de la página —siempre dentro de los márgenes ficticios— y lo movemos en zigzag, de párrafo a párrafo. Cuanto más cómodos nos sintamos más «abierto» será el movimiento de la serpiente: los zigzags se irán haciendo cada vez más amplios, hasta convertirse… en una S invertida. La S invertida es el nivel superior, que alcanzarás a base de practicar una serpiente cada vez más «amplia».

De forma natural, tus ojos captarán todas las palabras. Leerán mucho más de lo que puedas imaginar, incluso si te saltas líneas con el puntero. Tu cerebro, otra vez, está fotografiando las palabras.

—¿Y la persona que ha vivido en Estados Unidos durante diez años? ¿O tal vez la que tiene el mismo nombre que una reina?

Ignoro quién paga a esta mujer para que haga el trabajo de otros, pero se le ve llena de determinación. Al ver que no consigo ayudarla, suspira y da por finalizado su interrogatorio antes de regresar por donde vino. Este juego anuncia grandes momentos. Me dejo caer contra el respaldo de mi silla.

Las dos aparecen a la entrada de la sala. Detrás de ellas irrumpen los invitados y se agolpan ante el enorme tablero que expone la distribución de las mesas para averiguar cuál les tocó. ¿Será la mesa de las rosas, la de los tulipanes, tal vez la de las begonias? Era como si estuviéramos en la entrega de calificaciones de bachillerato, cuando hay que abrirse paso a empujones para acceder a las páginas pegadas en el tablero de anuncios, el Santo Grial, fijar la mirada en la lista para buscar tu nombre y, sobre todo, no perderlo de vista: reprobado, llorar, sonreír.

Las dos buscan su sitio en la mesa y dan vueltas a mi alrededor. Penélope habla sola, a menos que se dirija a mí o a Marina, la novia de Jean:

—¿Y a qué se supone que se parece un jacinto?

Marina le dice que es bonito, Penélope responde que eso no le aclara nada y la conversación se detiene ahí. Pienso en esos pobres jacintos invisibles que, desamparados, se doblan sobre la mesa dentro de su jarrón, que está dejando un cerco en la madera, y que, como yo, no pueden decir a quién prefieren, si a Marina o a Penélope.

La técnica de la serpiente

6. Surfear

Podemos descifrar las palabras que leemos mirando solo su mitad superior. Debemos este descubrimiento a un aficionado, el gran maestro Leclair, que en la década de 1850 escribió un trabajo de investigación sobre tipografía y lectura en el que concluía que «el lector más que leer adivina», lo que explica que para comprender un texto basta una mitad del mismo. En otras palabras, no es necesario leer la palabra completa para descodificarla.

Por tanto, te invito a que sitúes tu puntero de lectura en el centro de las palabras que vas señalando y leas únicamente la parte de arriba. Tu cerebro las reconocerá y economizará esfuerzo y energía, porque no le estás pidiendo que las leas enteras. Este ahorro de energía permitirá que ganes unos segundos más porque, cuanto más ahorra el cerebro, más rápido va.

7. La subvocalización

De niños aprendimos a leer en voz alta. Era una forma de seguir la lectura y mejorar nuestra comprensión. El esquema era el siguiente:

LECTURA = leer + escucharse leer + comprender.

Con el tiempo dejamos de hacerlo y ahora leemos dentro de nuestra cabeza. El esquema sería este:

LECTURA = leer + escucharse leer en la cabeza + comprender.

En la lectura rápida no leemos en nuestra cabeza, o al menos ya no. La razón es muy sencilla: nuestra velocidad de habla es de 200 palabras por minuto, por lo que puede ralentizarnos ya que queremos llegar a 600 palabras por minuto. En otras palabras, leer y pronunciar no son lo mismo. Si leemos en nuestra cabeza no podremos acelerar. Este hábito es un techo de cristal mental en la lectura rápida.

No es fácil silenciar nuestra voz interior. Se necesita un poco de práctica, pero todos podemos hacerlo. He aquí el ejercicio que recomiendo hacer todos los días durante cinco minutos: mientras lees, cuenta en voz alta hasta diez. ¡Es como un deporte! Pero, poco a poco, perderás el automatismo de la lectura en tu cabeza y lograrás despejar tu mente leyendo. Solo fotografiarás palabras que tu cerebro recordará.

■ ***¡Ponte a prueba!***

Ahora ponte de nuevo a prueba con el siguiente texto, utilizando al menos los tres primeros pasos que ya vimos:

1. Una buena postura.
2. Un puntero como apoyo visual.
3. Los márgenes imaginarios.

Como hiciste anteriormente, ve a tu propio ritmo: inicia el temporizador al comienzo de la lectura y páralo una vez que hayas terminado de leerlo. (Ojo, no uses subvocalización en este caso, ¡ese es otro ejercicio!).

Capítulo 23

El amor de los mayores[4]

Dejé mi cuarto de adolescente para marchar a París, a estudiar el primer año de Medicina. Lo cierto es que no sabía lo que me esperaba, aunque mi primo mayor, Fabrice, que ya había pasado por eso, me advirtió: dejaste de tener vida. Así que mis padres me habían pagado un miniapartamento para que pudiera dejar de tener vida.

Una mañana, los tres nos subimos al coche y nos dirigimos hacia la capital. El Picasso —mi padre acababa de comprarlo— iba lleno hasta los topes con mis cosas. Pasamos el día arreglando mi departamento, entre colgar las repisas y esperar a que me trajeran el refrigerador. Para llenarlo bajé con mi madre a hacer las primeras compras al Franprix. La primera noche me resultó inquietante. Los ruidos del edificio me asustaban. Miraba la computadora que

[4] Caroline Michel, ob. cit.

mis padres me habían regalado. Quería escribir a Vincent, pero algo me lo impedía. Quizá estaba un poco molesta con él. Quizá ya no aceptaba que ahora, que yo también estaba lejos, los kilómetros nos inspiraran más bien grandes palabras que deseo de luchar contra ellas. Pero Vicent ya no estaba en Nantes, sino en Berlín, y había pasado página; yo, sin embargo, intentaba abrir la mía sin él. Creo, en el fondo, que esperaba demostrarle que podía vivir mi propia vida. Después de todo, tenía mucho por descubrir.

Descubrí principalmente el metro, por la mañana y luego por la noche. Descubrí caras nuevas y la dura competencia entre nuevos y recursadores. Descubrí que tenía que quedarme parada frente al aula magna desde las siete de la mañana para encontrar lugar. Descubrí, durante la primera clase, que podía ponerme a llorar por nada o, digamos que por algo que no fuera Vincent. Esta nada era el esquema de un corazón que el profesor dibujó en el pizarrón con gis de colores. Era extraordinario, muy artístico, y traté de copiar aquella obra maestra a toda velocidad en unas hojas en blanco, pero fue imposible, no era capaz, no veía nada, garabateaba sin sentido, me dije a mí misma que estaba jodida, que había tomado la peor decisión de mi vida. Si convertirme en adulta esto era, estaba dispuesta a ceder mi turno. De noche solo quería una cosa: llamar a mis padres, pedirles que vinieran y me llevaran de vuelta a casa. Me abstuve, por cortesía y por las repisas tan bien instaladas y decoradas por mi madre, que había colocado un cactus en una de ellas, «porque es bonito y no necesita muchos cuidados». A la mañana siguiente conseguí levantarme, y las siguientes mañanas también. Salía a la calle a pesar de la niebla.

Fue durante aquel primer año de carrera cuando conocí a mi amiga, que comía con parsimonia. Debía ser ya noviembre, y fue una bendición. Mi primo me había dicho que en el primer año era difícil, por no decir imposible, hacer amigos. Pero allí estaba ella, una mañana, frente al aula magna. Sostenía un tenedor en la mano derecha y un recipiente de pasta al gruyere en la otra. Mientras la observaba reflexioné sobre aquel sorprendente desayuno que estaba ingiriendo, olvidando que yo misma llevaba ya tres semanas alimentándome exclusivamente de galletas Figolu. Era rara y respondía al nombre de Alexandra. Simpatizamos. Me cambió el chip. Con ella podía permitirme el lujo de empezar de cero, hablar de Vincent o no hablar de Vincent, incluso de desahogarme; el solo hecho de tener la posibilidad de hacerlo ya era una prueba, tal vez, de que estaba dando un paso hacia delante. No me lo puedo explicar. Fue casi repentino, pero así fue.

Recuerdo ese primer año de Medicina como una burbuja incómoda llena de libros, fichas y dolores de estómago. Alexandra y yo nos apoyábamos mutuamente. Ese año «celebramos» la Navidad juntas porque teníamos que preparar los exámenes de principios de enero, lástima por nuestras familias. Era la primera vez que me perdía una Navidad en la placita, la interminable Nochevieja, los abuelos que nos visitaban o visitábamos nosotros, los troncos de Navidad con los Schneider y las decoraciones exteriores que nos encargábamos de instalar todos juntos. Aunque es cierto que existía cierta rivalidad entre las seis casas que daban a la plaza —¿cuál brillaría más?—, siempre adornábamos juntos el abeto que se alzaba en su centro con escarcha, esferas y estrellas. Ese árbol era, todos los años, una cita obligada. Apenas podíamos esperar para decorarlo y a veces lo hacíamos ya a finales de octubre. Cuando nevaba en diciembre —y, en aquellos años, en diciembre nevaba mucho, como durante toda la infancia de Joel— nos dejaban salir a hacer muñecos de nieve. Los chicos Schneider, a quienes les gustaba burlarse de los gustos de su padre en materia de vestir, los coronaban siempre con alguna de las gorras de Michel. En 2002 me perdí aquella Navidad, Vincent también. Los demás se divirtieron sin nosotros; Avril y Pierre me lo contaron todo por teléfono. Yo me quedé comiendo salmón ahumado con pan en el departamento de Alexandra. Ninguna decoración nos acompañó aquella noche.

A veces caminábamos por París a altas horas de la madrugada porque Alexandra insistía en que «debíamos salir a tomar el aire, Manu». Entonces tomábamos el aire, porque era como si el aire nos faltara todo el rato. Un día Alexandra se desmayó durante la clase de punción lumbar y todos la abuchearon. Después de aquello me dijo que se estaba asfixiando, que no podía más, y yo, para intentar consolarla, le prometía que todo terminaría pronto, que al año siguiente saldríamos a la calle, nos emborracharíamos y entonces nos tocaría a nosotras entrar triunfantes en el aula magna de los de primer año para enseñarles el trasero con la inscripción «BUENA SUERTE» repartida entre ambas nalgas. En realidad, intentaba darme ánimos a mí misma. Estaba al límite, agotada, pero era incapaz de dejarlo o de rendirme. Me torturaba constantemente la culpa y ni siquiera conseguía reírme de todo aquello, de mí misma. Alexandra y yo ya no nos reíamos. Una noche, mientras un profesor desvariaba sobre un hueso del cráneo con forma de biplano, todos los repetidores nos lanzaron aviones de papel hechos para la ocasión. Sentí ira y me comí las uñas hasta la raíz mientras los demás seguían riéndose. Quería subirme a uno de estos aviones y volar lejos de allí, pero aquello no era una opción. Estaba atrapada en mi objetivo, amarrada por mi determinación y mi buena educación, atornillada a mi silla frente a diapositivas de esqueletos, así que cuando ya no podía más llamaba a mi primo Fabrice, que me animaba sin rendirse nunca.

No recuerdo mucho sobre Vincent. Me escribía y yo no respondía, o no enseguida, o no siempre. No me daba cuenta del todo, pero estaba perdiéndole la pista.

Ahora calcula tu velocidad de lectura con este texto de 1 140 palabras (sobre la forma de hacer los cálculos, *▸pág. 189)* *y responde a las preguntas siguientes para medir tu comprensión lectora.*

1. **¿Qué esquema dibuja el profesor en el pizarrón?**
   Un pulmón.
   Un corazón.
   Una cara.
   Un cerebro.

2. **¿Qué planta hay en el estante?**
   Una rosa.
   Una calisia trepadora.
   Una yuca.
   Un cactus.

3. **¿Cuál es el nombre de la amiga de la protagonista en la facultad de Medicina?**
   Vincent.

Claire.
Alexandra.
Figolu.

4. **¿Cuándo decoraban el árbol de Navidad?**
Finales de octubre.
Principios de noviembre.
Finales de noviembre.
Principios de diciembre.

5. **¿Cómo se llama el primo de la protagonista?**
Vincent.
Joel.
Pierre.
Fabrice.

Respuestas: 1. Un corazón. | 2. Un cactus. | 3. Alexandra. | 4. Finales de octubre. | 5. Fabrice.

Calcula tu velocidad de lectura con un libro

El método que explico a continuación es útil para calcular la velocidad lectora especialmente cuando no se conoce el número de palabras del texto.

- En primer lugar hay que calcular cuántas palabras por línea, en promedio, tiene el texto que vas a leer. Para ello:
  - Cuenta el número de palabras de las primeras cinco líneas de tu página.
  - Divide el recuento total de palabras por 5.
- A continuación, lee durante un minuto (conviene que marques la línea de texto en la que empiezas a leer y la línea en la que terminas al cabo de un minuto de lectura).
- Cuenta el número de líneas que leíste en ese minuto.
- Multiplica el número de líneas que leíste durante un minuto por la media de palabras por línea que calculaste al principio.

Por ejemplo, si el promedio de palabras por línea (calculado, como ya vimos, sobre las cinco primeras cinco líneas de la página) es de 52 palabras y en un minuto leíste 30 líneas:

$52 \div 5 = 10.4$ palabras/línea.
$30 \times 10.4 = 312$ palabras/minuto.

De ese modo puedes medir tu progreso en diferentes sesiones. Y, para comprobar tu comprensión del texto, puedes recurrir a diferentes soluciones, como pedirle a un amigo que te haga diez preguntas sobre el texto o, como mínimo, comprueba que eres capaz de resumírselo a una persona en uno o dos minutos.

Mis métodos de entrenamiento en lectura rápida

La lectura rápida requiere práctica. Progresarás poco a poco y ganarás velocidad día tras día. Estos son los métodos que utilicé para prepararme para el campeonato mundial de lectura rápida.

Entrenamiento por intervalos para aumentar la velocidad lectora

Para mejorar sus resultados y aumentar sus capacidades musculares, de resistencia y velocidad los corredores practican el entrenamiento por intervalos, que consiste en acelerar un minuto o dos durante la carrera. Tú puedes hacer lo mismo para incrementar tu velocidad lectora. Conviene que planifiques varias sesiones dedicadas a este tipo de entrenamiento.

Puedes fijarte como objetivo tiempos de un segundo por línea o quince segundos por página. Utiliza un metrónomo, que te ayudará a mantener el ritmo y hará que la lectura resulte más fluida. No dejes que te bloquee el miedo a perder la comprensión lectora, déjate llevar. Al forzarte al leer, por ejemplo, 1 000 palabras por minuto, podrás convertirte en un lector de 500 palabras por minuto con gran facilidad. Cuanto más practiques este sistema de aceleraciones, más cómodo te sentirás cuando reduzcas la velocidad y, en cualquier caso, siempre estarás leyendo muy rápido. Sucede exactamente lo mismo que cuando circulas por una autopista: si vas a 130 kilómetros por hora y de pronto reduces la velocidad a 110, tienes la sensación de que conduces despacio. ¡Y vas a 110 por hora!

Leer al revés, una excelente gimnasia cerebral

El cerebro descodifica palabras que no hemos leído de forma consciente. Para ganar destreza y mejorar tu memoria fotográfica practica la lectura… al revés. Puedes leer de abajo hacia arriba, de derecha a izquierda, o incluso volteando el libro. Vas a necesitar mucha concentración y energía, pero es una excelente manera de entrenar tu cerebro para descifrar palabras. Cuando vuelvas a leer de la forma habitual esta gimnasia cerebral te permitirá leer con gran fluidez: te parecerá muy fácil hacerlo.

Empieza por el final para mejorar tu comprensión y tu sentido de la deducción

Para este ejercicio, puedes leer todo el libro al revés. Comienza por el final, en la parte inferior de la última página. Al leer la información de manera incorrecta, al menos en la dirección opuesta, tu cerebro tendrá que reconstruir continuamente la información. Este método no pretende perfeccionar la velocidad, sino el análisis, la comprensión y la deducción. Tu cerebro estará más alerta.

Conviene saberlo. ¡Ahora te toca a ti! Ten en cuenta que la lectura requiere práctica. Es posible que al principio sientas que estás perdiendo comprensión, y eso es normal. Todos los que aprenden lectura rápida pasan por ello. Cuando te inicias en esta disciplina el cerebro se centra primero en la técnica, hasta que la domina perfectamente. Recuerda cuando eras pequeño y estabas aprendiendo a leer: te concentrabas en las letras, en su sonido, en la fluidez… y después en la comprensión. ¡Lo mismo sucede ahora! La comprensión vendrá después, sobre todo con el ejercicio de prelectura, que fuerza al cerebro a centrarse en asimilar y aclarar la información. De hecho, descubrirás algo increíble: al final, la velocidad favorece la comprensión. ¡Cuanto más rápido leas, mejor entenderás lo que estás leyendo! ¿Asombroso? Es la magia de la lectura rápida, por eso merece que todos la descubramos. La neurociencia contribuye a arrojar luz sobre esta disciplina revolucionaria, capaz de aumentar las capacidades cognitivas y los conocimientos de cada uno de nosotros. Te deseo que tomes este camino. Tus ganas de saber no harán más que aumentar. Ya eres ilimitado.

QUÉDATE CON ESTO:

- Practicar la lectura rápida un poco cada día —los 25 minutos que dura un *pomodoro*, por ejemplo— es la mejor manera de progresar.
- Hacer un ejercicio de prelectura antes de sumergirse en la lectura, preparando una lista de diez preguntas a las que responder, es esencial para una buena comprensión del libro. No te saltes este paso.
- Leer con el apoyo de un puntero (un bolígrafo, una pluma…), es lo primero que hay que hacer. Puedes aumentar la velocidad de lectura en un 30%.
- Podemos leer rápido gracias al poder de nuestro cerebro, que fotografía y descifra las palabras sin que tengamos que leerlas todas una por una.
- Cuando empieces a entrenar técnicas de lectura rápida, al principio es normal perder comprensión lectora. Se trata solo de una fase inicial, que apenas durará si practicas todos los días.

Conclusión

¡ERES ILIMITADO!

Escribí este libro para ti, pensando en ti, porque mi vocación no es otra que animar a todo el mundo a descubrir su potencial. Espero sinceramente que mis palabras hayan conseguido que quieras adentrarte en el mundo del conocimiento, potenciar tus capacidades cognitivas y llevar a cabo los proyectos que son importantes para ti.

Para terminar, solo me queda una cosa que decirte: ¡actúa! Pasar a la acción es lo más importante. Se trata de dar el primer paso. En cuanto pongas un pie en el mundo del conocimiento descubrirás lo emocionante que es aprender. Tendrás confianza en ti mismo y abrirás las puertas a tu futuro.

Nunca olvides que 1 es mejor que 0, que no hay acciones pequeñas, que trabajar cada día diez minutos puede marcar la diferencia. Dedicar tiempo diario al aprendizaje es ganar tiempo para uno mismo, para el desarrollo personal y profesional. Así que ¡hazlo! Abre un libro, un cuaderno… y empieza. Olvídate de tus límites, porque no existen —o solo están en tu imaginación—, y recorre a tu propio ritmo el camino del conocimiento ilimitado. Todo el mundo puede hacerlo. Me gusta decir que soy la prueba de ello. Si yo tuve éxito, tú también puedes tenerlo. Si hoy conozco mi cerebro y sé cómo sacarle el máximo rendimiento, tú puedes conocer el tuyo y usarlo lo mejor posible. Si yo soy capaz de alcanzar una velocidad de lectura de 2400 palabras por minuto, tú también puedes hacerlo. No estoy inventando nada, simplemente he trabajado en ello una y otra vez. En definitiva, actué y estudié los métodos más eficaces, en los que me sigo apoyando. Por esta razón quise reunirlos en este libro: para que puedas usarlos, aprovecharlos y convertirte, también, en alguien ilimitado.

LA AVENTURA CONTINÚA...

Puedes encontrar noticias mías y ejercicios de entrenamientos en mi página web, www.mohamedboclet.com. Comparto regularmente mis descubrimientos y nuevos consejos en la sección «Blog». Nunca dejamos de aprender, yo soy el primero que siempre lo dice.

Únete también a mi cuenta de Instagram, @mohamed.boclet, y a mi canal de YouTube, Mohamed Boclet, donde publico muchas técnicas para hacerte ilimitado.

Cuento contigo para que me escribas, me des tu opinión o me hagas preguntas. Y sobre todo, no olvides compartir todo lo que has aprendido con el mayor número de personas posible.

Y para terminar me gustaría ofrecerte un regalo que me da mucha ilusión, al que podrás acceder escaneando este código QR o escribiendo en tu buscador la url que aparece debajo.

¡Espero que lo aproveches!

https://www.connaissanceillimitee.com/libro-boclet

AGRADECIMIENTOS

No puedo agradecer lo suficiente a mis padres, a mis hermanas, a mi esposa y mis hijos, la alegría y el apoyo que siempre he recibido de ellos.

A mi familia y amigos que me apoyaron y aconsejaron. Gracias por estar presentes en mis momentos de duda, en mis fracasos, en mi enfermedad y en mis éxitos…

Gracias a todos los Ilimitados que confían en mí cada día, sin ustedes Conocimiento Ilimitado no existiría.

La vida no es un río largo y tranquilo, así que terminaré citando estas palabras de Jean d'Ormesson: «Gracias por las rosas, gracias también por las espinas».

Cuida tu alma y la de las personas que te aprecian y no prives al mundo de tu luz.

Recuerda:

Tu potencial es ILIMITADO.

¡Yo soy, tú eres, nosotros somos ILIMITADOS!

Con cariño,
Mohamed Boclet